灣仔

畫當年

柴宇瀚　彭啤

灣仔

畫當年

柴宇瀚　彭啤

灣仔為香港島北岸一小海灣，因名灣仔，灣畔土地頗為狹窄，開埠之前，灣畔少有人跡，只有三數漁船灣舶。開埠初期，該地與金鐘地區合稱下環，1842-1867 年間填海，獲皇后大道東、軒尼詩道與莊士敦道間之地。其初，該區華洋雜居。1857 年間，因國內太平天國事件之影響，華人南遷避難者眾，多入居灣仔地域。

1857 年 5 月，政府將港島北岸分設九區（Districts），第一區為維多利亞城（Victoria City），境內再分七約（Sub-Districts），其第六約為下環（Ha Wan），灣仔地區位該區內。其時，於環繞醫院山及山谷沼澤地（石水渠街一帶），建廉價（租）樓房。其後華人亦於該地購地建屋。1858 年，皇后大道東與灣仔道交界處設東方市場，即今之灣仔街市（今稱「舊灣仔街市」）。1860 年間，區內漸成華人商住區。

1880 年間，港府將港島北岸分設九區（Districts），第一區維多利亞城（Victoria City）境內再分九約（Sub-Districts），自原本之下環（Ha Wan）約分設第七約灣仔（Wanchai），灣仔地區遂自成一區。1902 年於填海土地上建電車行走之莊士敦道。1921-1929 年間填海，海岸線至告士打道一帶，竣工後，填海所獲土地發展軒尼詩道及駱克道等地。1940-1950 年代，填海工程仍進行，該區為中下收入家庭居所。

1964-1982 年間填海，獲告士打道以北之地。1982 年後之填海，獲灣仔北（包括香港會議展覽中心）之地。至 20 世紀末，該區成為港島東西兩區之樞紐，為商業中心，今日南部依山地帶仍多住宅屋舍，惟沿海新填地域則多商廈。

宇瀚君對灣仔地區之歷史及社會文化甚有研究，除翻查有關該區歷史之典籍及檔案外，於公餘間在區內作廣泛考察、訪問及拍照記錄。現將所獲資料編輯成書，題為《灣仔畫當年》，囑余為序。余以其書內容豐富，對灣仔之歷史發展作詳盡介紹，故特作推薦。

蕭國健

珠海學院教授、香港歷史研究中心主任、香港史學會顧問

2019 年初夏於顯朝書室

「灣仔」，顧名思義是細的海灣。位處於港島北岸，介乎中環與銅鑼灣之間，本為尋常灣岸，直至港島開埠，因處維多利亞城之邊界，英葡人士來區聚居，社區面貌漸起變化。

早年，這裏曾是貧苦華人居住的地帶，是以區內設有各式各樣的福利機構。後來又因為填海擴展，開發成繁榮的商業區。經過百數十年發展，業已成為連接西區、東區、南區及九龍半島的樞紐位置，因交通配套完善，尤其吸引中產人士置業聚居。根據政府統計，灣仔長期是全港最多富戶居住的區域。由最貧窮的地帶變成最富有的地區，單是這一點就證明灣仔是充滿傳奇和故事的好地方。

柴宇瀚博士乃本會理事，專研本地歷史文化，對各區歷史源流與掌故頗有心得。年前，余興議以社區歷史為題，分區介紹本地史事與景物，首得柴兄響應，率先撰成本書，惜因緣未就，未克付印。今喜獲天地圖書支持，並邀請著名插畫師彭啤先生合作，《灣仔畫當年》遂得以面世。

本書以簡練文字概述灣仔的歷史、風俗、街道及名勝等，重溫地區近二百年的發展變遷，配以精美繪圖，有助讀者以最輕鬆的方式探索多彩多姿的灣仔風情。《灣仔畫當年》付梓，柴兄囑為之序，聊述數言為賀，並寄望再接再厲，推動地區歷史研究。

鄧家宙

歷史學博士、香港史學會總監

回憶的小徑 @ 灣仔

兒時在灣仔上學，由小一到中七都在堅尼地道的嘉諾撒聖方濟各書院唸書。同學們、老師們都愛借用合和中心的電梯「上落平安」，但久不久我會改沿船街的石級落山，鼓起勇氣經過荒廢已久的南固臺大宅。當時的和昌大押當然不是 Pawn 餐廳，正是不折不扣的當舖。偶爾我也會由學校「下門」離開，有如使用「叮噹的隨意門」，一出去便是聖佛蘭士街，那時候星街還沒有酒吧，否則學校修女一定不許學生於此門出入。

我愛灣仔，這一區真像都市傳說中的「灣仔皇后」般難以捉摸，甚至可以用「性格分裂」來形容。灣仔有最具文化代表性的藝術中心和演藝學院，但只是一街之隔便直達紅燈區——老外們也認識蘇絲黃的世界，那至今屹立不倒的無上裝酒吧，令每次過門不入的人心中還是帶着不減的好奇。

灣仔，是商業的也是街坊的，是山也是海，是中也是西，是舊也是新。

然而，我發現有人比我更懂得灣仔，他就是本書作者之一、城市速寫畫家彭啤。認識彭啤是由其作品開始的，欣賞他筆下已逝去或即將逝去的我城，其無比細緻的線條，反映出畫家執筆創作的堅毅和眼睛觀察的銳利。

香港長期處於發展與保育的戰爭之中，城市建設要清拆到哪裏，彭啤便帶畫紙畫筆到那裏：大街窄巷，日曬雨淋，畫出一幅

幅城市速寫，好讓被剝奪「觸景傷情」的緬懷者們，能挽留一點一滴的歷史印記。

　　彭啤不但是本土藝術家，還是一個回憶的摘錄者。我一直希望他的作品能更廣為流傳。這次，彭啤連同歷史學家柴宇瀚博士雙「筆」合璧，圖文並茂地介紹灣仔這個老地方，帶領我們漫步回憶的小徑上，沿途有這兩位資深導遊引領，在圖畫與文字之間暢遊，肯定樂極忘返！

李　敏

香港作家、編劇、電台主持

我在街頭認識彭啤，第一次見面的目的，是要拍攝他在街頭一邊寫生一邊唱歌自娛的畫面。要畫好一座建築物，他會花上好幾個週末，慢慢把建築物仔細描繪，在過程中享受與街坊、社區、建築物對話的時間。第一次見面，我已覺得他很有毅力，上班已經要畫圖，工餘時間多麼珍貴，他還是拿起了畫筆到處寫生。

後來知道他成立了「畫下嘢」，更覺得不得了，以後的週末，他不再是單人匹馬出動，而是當起隊長，帶着一群寫生愛好者到城市的不同角落繪畫。有時他還會因應不同的社會議題而帶參加者到相關地點寫生，讓他們從中更了解事件的來龍去脈。他這樣付出，到底會有甚麼收穫呢？我不禁想。如果把時間都花在繪畫自己的作品，會更快看到回報吧！一定是因為他超級相信寫生的力量，很想很想其他人也感受得到，才會這樣付出！寫生這回事，他演繹得十分熱血！

這次彭啤和柴宇瀚博士合著《灣仔畫當年》，彭啤的畫作跟柴博士的文字結合，讓人看到兩位男士對灣仔之鍾愛。寫生不是單純的風景記錄，每幅圖畫都盛載着繪畫者對那個地點獨一無二的體驗，那是超越視覺的感受。電車經過的聲音、陽光照射的溫度、餐廳傳來的香氣、街坊親切的問候，最後都會在畫紙上呈現。在這本書中，大家可慢慢細味彭啤的作品。

灣仔對我來說，是一個豐富而有厚度的地方。我在這裏採訪過椰子店、理髮店、利是封店、廚具店、水果店、打鐵師傅。我在這裏看過許多舞台劇、電影、藝術展，參加過白鐵信箱工作坊、鬼故導賞團。這裏有我很喜歡的日、月、星街，我喜歡這些街道

的名字和背後的歷史。這裏還有我最喜愛的燒臘飯店，夥計替客人寫單後不需一分鐘，碟頭飯便已遞到桌上，令人嘆為觀止！我總覺得灣仔地鐵站很神奇，每個出口都會帶人到感覺很不同的地方，這凸顯了灣仔的多姿多彩。柴博士的文字，帶我穿越時空，了解灣仔在各個年代的面貌。

　　謝謝用心記下我城風景的你們。

急急子
香港商業電台叱咤 903 DJ

自序一

一年之內，筆者出版兩本有關香港 18 區專著，本書是其中一本，專談灣仔。期望有三：一是廣尋史蹟，史蹟涉及歷史人物、地理位置、街道名稱、建築物特色等等因素，需要與史冊和檔案相結合，增補前人著作，藉此為地區史補白；二是走訪各地，透過田野考察，穿過大街小巷，了解灣仔的中西文化，乃至人情世故，帶出社區的生活點滴，期望灣仔風貌能夠躍然紙上；三是拋磚引玉，希望各界人士參與地區研究，研究香港不同地標，重視香港的特色建築，密切關注地區變化，確保文化傳承。

香港人的保育意識與日俱增，尤其是舊區重建前，每每看見保育人士的身影，而文化圈及出版界支持保育者也不少。他們以拍攝、繪畫、出版等方式為香港留下記錄。當我們看到這些照片或圖畫中的香港舊日面貌，撫今追昔的時候，難道我們不應反問一句：總要到了最後一刻、難於挽回時，才懂得珍惜舊區嗎？於是筆者與彭啤合作，將今日灣仔的地標和一些街道特色記錄下來，在本書中以文字與圖畫並重的方式，附以舊照，以輕鬆的筆觸，講解灣仔古往今來的變化。我們將本專著命名為《灣仔畫當年》，旨在畫出灣仔的地區特色，憶述當年情，細說香港人對灣仔的集體回憶和當下感受。

筆者將本書分成兩章：第一章是講述香港開埠以後，灣仔百年以來的變化，帶出本區內教會工作、洋行林立及華洋共處的特色；第二章是介紹灣仔不同地方富有特色的建築物，地標背後的歷史等，也有一定的研究價值；書後附有「灣仔人物誌」，記錄

灣仔古今中外的重要人物。篇幅所限，僅摘要撰述，望能做到上文所說的拋磚引玉，各界人士能夠一起參與地區研究。

　　承蒙蕭國健教授十多年來的教導，令筆者深受啟發，獲益良多，至深感銘。今專著付梓，幸得蕭國健教授賜序，且得鄧家宙博士的賜序及鼓勵；彭啤別出心裁的畫作及敍述，令專著倍添特色，趣味無窮；天地圖書助理總編輯林苑鶯女士的構思，令專著井然有序，順利刊行；黃駿先生的訪問，令讀者憶起青文書屋的往事，資料詳實；何秋怡小姐協助筆者增潤及校對，令筆者撰述得心應手，澄清史實；筆者謹以序文，特此一併致謝。專著若有不足之處，敬希各界不吝賜正。

柴宇瀚
序於己亥年夏

一直希望編寫一本能給香港人導覽香港的旅遊書，這好像有點矛盾，但的確很多時大家因為太習慣身邊一切而變得麻木，沒有好好細看我們所居住的香港的美。大家如果可稍稍抽離，仿傚遊客的好奇眼光，走在街頭，很容易便會發現香港許多可愛的地方。筆者經常以速寫角度於我城遊走，挑選的地點包括歷史建築與人文風貌，多年下來對香港多個地區的不同大街小巷增加了認識，也累積了不少我城當下的視覺記錄。

這本書是以灣仔為主題，我和柴宇瀚博士一起編著，他講歷史，我寫生（速寫），也略談感想。我們統整出四條寫生路線，選出沿線的代表景物，給它寫生，介紹它的今昔故事。雖說是寫生路線，但歡迎大家以各種不同媒介與風姿綽約的灣仔互動，用攝影、文字、錄像……等，留下她的故事、留下你的感覺。希望透過本書令你感受到一個更全面、更立體的灣仔。

感謝天地圖書促成是次計劃，柴宇瀚博士深入淺出的歷史資料陳述，加上拙作，相信可令讀者對灣仔歷史有更全面的認識，對灣仔的景物人情有更深層次的體會；亦感謝天地圖書助理總編輯林苑鶯女士勞心勞力地為本專著編修，令作品生色不少；感謝李敏小姐各方面的支持與幫助，令筆者有更多機會作多方面的嘗試；感謝急急子小姐於筆者畫途上一直協助與支持，令筆者有更多與大眾接觸的機會；本人萬分榮幸地獲得李敏小姐、急急子小姐賜序，衷心感謝。畫途上遇到的貴人很多，未能逐一感謝，望請見諒。

我還想說，速寫是……

速寫是一種生活態度。作為一個 Sketcher，我喜歡速寫，希望無時無刻不停練習：無論題材是甚麼，地點在哪裏，只要稍有時間空檔，便拿出紙筆，環顧四周，細心觀察，一切事、景、物也可以是題材。在生活中隨時速寫，是練習，也是記錄。細心觀察已成為習慣，以畫筆把觀察所得描繪出來就是我的興趣所在。

速寫是一種媒介。因為以速寫作記錄已是習慣，我希望藉着畫作分享所見所聞，雖然速寫沒有攝影的速度，也沒有文字的細膩，但卻多了一份層次感，不是物理上的層次，而是畫家作畫的時候，對時空的五感記憶：冬日陽光的溫暖、街市熱鬧的叫賣聲、花墟鮮花的芬芳、街坊親切的問候、光影的微妙變化……這些片段會一直留於心中。就是因為這些記憶，令速寫有別於其他藝術單方向的情緒輸出，這裏頭包含一種轉化。好的速寫作品能讓觀眾透過畫作了解到作者當刻的心情。若配合適當文字分享更能加強效果，圖文互補能令信息傳遞得更廣更遠。

速寫是一張入場券。速寫靜悄悄地引領我到一個又一個未知的新領域。她帶我向着未知的地方探索；她令我認識更多新朋友，踏進一個又一個的新圈子；她為我的人生帶來一個又一個的新機遇——只要肯踏出第一步，自然就會找到動力支持往後的每一步！

你喜歡速寫嗎？你的速寫對象又會是甚麼呢？

彭　啤
2019 年夏

目錄

第一章：開埠百年的灣仔

第二章：灣仔探究路線

第一章

開埠百年的灣仔

範圍與名稱

灣仔（Wan Chai）有廣義及狹義之分：廣義指灣仔區（Wan Chai District），以香港行政區劃而言，灣仔屬於 18 區之一，直至 2018 年為止，範圍包括：天后（Tin Hau）、銅鑼灣（Causeway Bay）、大坑（Tai Hang）、跑馬地（Happy Valley）、灣仔等多個區域；狹義則指灣仔，東從堅拿道天橋（Canal Road Flyover），西至軍器廠街（Arsenal Street），北連維多利亞港（Victoria Harbour），南接寶雲道（Bowen Road）。本文主要以後者為界，探討灣仔的「前世今生」。其實，灣仔特色近在咫尺，而且隨處可見，特色就在你我身邊。

灣仔一名，來自一個天然的小海灣。從十九世紀末開始，當地人以「灣仔」的名字，稱呼洪聖廟（又稱「洪聖古廟」）前的小海灣，一直沿用至今。可是，香港不斷填海，灣仔也不例外，從皇后大道東（Queen's Road East）、大王東街（Tai Wong Street East）、大王西街（Tai Wong Street West）附近開始，一直向北填海，鋪建莊士敦道（Johnston Road）、軒尼詩道（Hennessy Road）、告士打道（Gloucester Road）、駱克道（Lockhart Road）等道路，一直到香港會議展覽中心（Hong Kong Convention and Exhibition Centre）為止。如果我們由皇后大道東一直向北走，走到會展沿岸，已經超過一公里的距離，就知道灣仔填海範圍之廣，以致小海灣不再復見。

然而，我們仍可按照現今的地理位置，追本溯源，了解灣仔昔日海岸線的大概。我們沿着電車路線向東行走，便可對灣仔初期的海岸線略知一二，原因是莊士敦道所呈現的弧形，正能反映灣仔昔日的海岸線，就是一個彎曲的小海灣。我們再沿着這弧形步行至洪聖廟附近，就是當時稱呼「灣仔」的範圍。時至今日，小海灣已經消失，但是我們仍可憑着一條百多年歷史的電

↑ 灣仔街頭洋溢着生活氣息

車路線，以及一座接近二百年歷史的洪聖廟，
而了解灣仔名稱的由來及昔日小海灣的概況；
以現在被稱為「石屎森林」的香港而言，這幾
乎是一個「不可能的任務」呢！

開埠與天主教會

　　灣仔背靠太平山（Victoria Peak），太平山為灣仔構成一個天然屏障，保障了昔日停泊在小海灣內大小船隻的安全。這個小海灣自 19 世紀中以後，逐漸形成一個避風塘、一個小漁港。當年灣仔漁民居住範圍甚廣，以現今的地區而言，近至皇后大道東，遠至黃泥涌道（Wong Nai Chung Road），都有漁民居住，所以灣仔有一條黃泥涌村：據 1841 年 5 月統計，多達 300 人在黃泥涌一帶居住；以一個當時只有 4,350 人的香港島而言，黃泥涌的人數非少，佔全港人口總數的百分之七，僅次於赤柱（2,000 人）及筲箕灣（1,200 人），反映太平山及小海灣對灣仔漁民而言，實在是「勞苦功高」。

1841 年 5 月的香港島人口統計，香港人口以赤柱及筲箕灣最多，鄰近灣仔的黃泥涌則緊隨其後。

 今天聖佛蘭士街的馬路以地磚
鋪設而成,是為特色街道之
一。

　　1841 年 1 月 26 日,英軍在今天的水坑口
街(Possession Street)登陸,聚居在中環、赤
柱、跑馬地等地。當時,香港尚未正式割讓,
英國便已着手規劃香港的發展,計劃興建「維
多利亞城」(City of Victoria)。同年 6 月,
英國人開始拍賣港島地皮,例如:渣甸洋行
(Jardine, Matheson and Co.)以 565 英鎊,收
購銅鑼灣東角道(East Point Road)一帶,而
寶順洋行(Dent's and Co.)則在灣仔扎根,準
備發展未來的「商業王國」。或許當時沒有人
能夠預料,商業發展成為香港開埠至今的經濟
命脈呢!

　　1842 年 3 月,傳信部駐華總務長若瑟神父

跑馬地天主教墳場大門，門外的一副對聯，經常是香港人茶餘飯後的話題。

（Theodore Joset）脫離澳門教區，抵達香港，將香港發展成為監牧區，他順理成章地擔任首任宗座監牧。若瑟神父向香港政府申請興建墳場，使天主教會獲得今日的聖佛蘭士街（St. Francis Street）及進教圍（St. Francis Yard）一帶，興建英國管治香港後第一座天主教教堂，並於聖佛蘭士街與秀華坊（Sau Wa Fong）一帶，建立天主教第一個墳場，使部份的灣仔地區成為外籍人士在星期天參與彌撒，以及拜祭先人的地方。

然而，黃泥涌一帶充滿瘴氣，而且英軍不適應香港濕熱的氣候，以致不少人水土不服，甚至死亡；死亡人口不斷增加，灣仔墳場實在難以應付需求。以當時的運輸科技而言，香港政府亦難以將屍體運回英國下葬，所以分別在1845年及1848年，將灣仔墳場分別遷往西灣（今稱柴灣）及黃泥涌；其中黃泥涌的墳場，香港政府以每年象徵式收取一元租金的方式，租借給天主教會，由教會管理，為期999年，以換取灣仔墳場的使用權。黃泥涌的墳場正是今天的聖彌額爾墳場（St. Michael Catholic Cemetery），俗稱「跑馬地天主教墳場」；其中埋葬了不少葡萄牙人，他們對天主教出錢出力，貢獻良多，日後中環堅道的聖母無原罪主教座堂（The Hong Kong Catholic Cathedral of the Immaculate Conception），成為香港天主教的地標，正是由不少葡萄牙人捐獻而來，證明昔日香港天主教的發展與葡人息息相關。

葡人與教會服務

自明朝中葉開始，澳門是葡萄牙的殖民地，商業發展卻一直停滯不前。香港開埠不久，居於澳門的葡人便隨之而來，較富有的葡人聚居在中環；較貧窮的葡人則在聖佛蘭士街附近居住，還有一部份葡人居住在交加街（Cross Street）及石水渠街（Stone Nullah Street），後來在洋行任職，生活上互相照應，使灣仔逐漸變成葡人社區。

雖然如此，一些有非洲血統的葡人，飽受歧視及排斥，難以謀生；天主教會協助他們恢復自信，落地生根。因為教友日增，所以不少灣仔街道帶有天主教色彩，除了上文談及的聖

← 天主教聖母聖衣堂自 1957 年易名後，名稱一直沿用至今。

佛蘭士街及進教圍外，還有聖嬰里（Holy Infant Lane，現稱光明街），就是其中例子。後來，葡人資助興建的聖若瑟書院（St. Joseph's College），原是為葡人子女供書教學，後來華人爭相報讀，更成為名校之選。

1851 年，沙爾德聖保祿女修會（Sisters of St Paul de Chartres）在春園街（Spring Garden Lane）設育嬰堂，名為「聖童之家」（Asile de la St. Enfance），為兒童提供收容及教育服務，後來遷至銅鑼灣，發展成為今日的聖保祿醫院（St. Paul's Hospital）。1857 年，裴神父（Fr. Feliciani）及文祖利神父（Fr. G. Mangeri）在聖佛蘭士街創辦聖芳濟各醫院，可惜在一年後結束。1869 年，嘉諾撒修院（Canossian Sisters of Charity）重開醫院，醫院在 1959 年遷往山頂道（Peak Road；1960 年代改作舊山頂道 Old Peak Road），改名為嘉諾撒醫院（Canossa Hospital），直至現今，使天主教會既在灣仔扎根，也在香港服務社群。

1860 年，天主教在進教圍建立聖芳濟沙勿略小堂（St. Francis Xavier Chapel），是香港第二所天主教教堂，今已遷至星街；1950 年曾易名為煉靈堂，1957 年再易名為聖母聖衣堂（Our Lady of Mount Carmel Church）。而上文提及聖佛蘭士街及進教圍的英文名稱，正是從聖芳濟沙勿略小堂的英文而來，關係密不可分。這反映了歷史研究需要對各種資料加以分析，了解其中關係，不能全部單獨研究，否則自斷脈絡，難有所成。

顛地與寶順洋行

香港開埠以後，天主教會扎根灣仔，洋人在今日的春園街、太原街（Tai Yuen Street）、石水渠街一帶，創辦洋行，其中以寶順洋行較為著名。寶順洋行的命名，取寶貴及順利之意，與華人喜歡吉利用詞的習慣，可謂同出一轍。後來，寶順洋行又稱「顛地洋行」或「丹地洋行」，都與東主湯馬士·顛地（Thomas Dent）的英文名稱有關。直至 1831 年，湯馬士·顛地離開顛地洋行，由其弟蘭斯祿·顛地（Lancelot Dent，下稱「顛地」）承擔寶順洋行發展的重責。

顛地可說是一個傳奇人物，懂得粵語及國語，易於與不同國籍的人溝通，與英國政府及滿清政府建立良好關係，故在經營條件上較其他商人略勝一籌。況且，英國商人一向眼光獨到，顛地也不例外：初期主要經營鴉片、茶葉及絲綢，作為主要的收入來源。1830 年代，林則徐禁煙（鴉片），通緝及拘捕顛地。顛地具結，加上英國求情而被釋放，其後到了澳門，藉着香港政府賣地的機會，顛地收購今天的灣仔道（Wan Chai Road）至大王東街（Tai Wong East Street），範圍甚廣。顛地在春園街一帶興建「春園別墅」，加上其他地方便成為寶順洋行在灣仔的「商業王國」。

寶順洋行在香港的規模，僅次於銅鑼灣的渣甸洋行，兩間洋行的貿易排名，在 1840 年代長期佔據首兩位，反映兩者貿易數量龐大。然而，香港政府拍賣的灣仔地皮，並非廣受注目，成交價更接近谷底，其中一塊地皮只售 60 英鎊，由此便可想而知了。顛地看準一點，就是灣仔鄰近中環，方便與官場人士「打交道」。港督尚未入住港督府之前，例如第三任港督文咸（Sir Samuel George Bonham）也曾住在春園附近，顛地便順理成章地做了港督鄰居。顛地能夠在灣仔獨大，的確不無道理。

春園與泉水花園

顛地從石水渠街引入水源，建成噴泉，所以居所又稱「泉水花園」（Spring Garden）。後來，香港政府在泉水花園附近，建成一條街道 Spring Garden Lane。Spring 一詞，意思可指泉水或春天，在華文翻譯下，此街道卻被誤譯成「春園街」，意思與泉水花園截然不同。可見春園街一名，其實出於誤會。

「泉水花園」一帶至石水渠街，可以維修船隻，也可以協助船隊補給，例如：今天的船街（Ship Street）及麥加力歌街（McGregor Street），就是停泊及維修船隻的船塢。顛地又興建貨倉，以便在碼頭旁邊儲存貨物，運往外地。1850 年代，經濟不景，顛地破產，最後返回英國，並於 1853 去世。自此以後，寶順洋行一蹶不振，春園風光不再，寶順洋行也在 1867 年結業。春園街一名，標誌着 19 世紀中期，顛地在灣仔經營的片段。

寶順洋行結業後，灣仔西面淪為香港次要商業價值的地方，興建醫院者有之，華人收購者亦有之。後來，「泉水花園」需要重建，政府將泉水花園改建成三、四層高的住宅，是為灣仔的一大特色。當時，太平天國滅亡不久，大量華人已經南遷而來，部份華人遷入灣仔，意味着灣仔逐漸變成華洋共處的地區。

← 春園街泉水花園的噴水池，
現已不知所終。

寶靈與寶靈城

　　1850 年代，灣仔西面已經發展寶順洋行，灣仔東面又發展得怎樣呢？ 發展「寶靈城」（Bowring Town）是香港第四任港督寶靈（Sir John Bowring）的想法，他期望振興灣仔。1854 年，寶靈正式上任，希望大力發展灣仔東部，亦即今日的鵝頸橋一帶；他希望推動沿岸發展成為一個重要的碼頭，內陸用來發展輕工業，興建廠房，想法務實進取。

　　直至 1857 年，香港政府有「三環七約」（隨着香港島發展，後來又有「四環九約」）之分，作為「維多利亞城」的發展藍圖，其中理念詳見下表：

昔日三環位置表

三環	今日大概位置
上環	干諾道西以東至威靈頓街與皇后大道中交匯處
中環	威靈頓街與皇后大道中交匯處至軍器廠街
下環	軍器廠街至灣仔道

昔日七約位置表

七約	今日大概位置
第一約	西營盤
第二約	上環
第三約	太平山
第四約	中環
第五約	下環（今灣仔）
第六約	黃泥涌
第七約	掃桿埔

政府有「三環七約」之分，用意是提升「維多利亞城」的影響力。從上表可見，「三環」的下環與「七約」的第五約，都是位於本文談及的（狹義）灣仔範圍之內。政府對灣仔的想法，當然是希望灣仔與中環並駕齊驅，構成香港政治、經濟及交通的重要樞紐。可是，「寶靈城」的方案尚未落實，便受到英國商人大力反對，原因是商人恐怕沿岸發展工廠，令自己的商業利益受損，以致寶靈美夢成空。

　　寶靈城的構思與灣仔市民生活息息相關。時至今日，灣仔仍可找到建設寶靈城的蛛絲馬跡：鵝頸橋一帶的道路還有寶靈頓道（Bowrington Road），建築物還有鵝頸街市（Bowrington Road Market）及寶寧大廈（Bowrington Building），三者都使用寶靈的英文名稱，意味着當地曾經在寶靈的推動下，成為區內主要城市建設，可惜事與願違。這些地點的中英文名稱，見證着「寶靈城」一閃即逝的光芒。

電力與灣仔街道

　　科技日新月異，電力的發明大大改善了人們的生活。早在 1888 年，遮打（Sir Catchick Paul Chater）與兩位定例局議員合組公司，獲得香港政府批出合約，籌辦電力公司。翌年，香港電燈公司（Hong Kong Electric Company Limited，簡稱「港燈」）成立，鋪設街燈。街燈在 1890 年 12 月 1 日下午六時開始，正式投入服務。百多年後的今天，街燈仍然是香港主要的照明系統。

　　當時的供電方式，是以水力推動蒸汽機發電，所以發電廠需要接近水源，而灣仔鄰近中環，而且坐擁海灣，可以為水務局、中環及太平山頂供電，自然是建設發電廠的上乘地點。發電廠在灣仔永豐街（Wing Fung Street）落成，後來遷至日街（Sun Street）、月街（Moon Street）及星街（Star Street），三條街道命名方法源自《三字經》：「三光者，日月星」的句子，反映香港政府對華人籠絡民心的政策，也是灣仔演變為華人社區的力證。

　　然而，香港人口不斷增多，以致電力不敷應用。1913 年，香港政府在今日的電氣道（Electric Road）及大強街（Power Street）附近，興建北角發電廠，增加供電，並於 1919 年夏季，正式取代灣仔發電廠。沿用至今的日街、月街及星街，正是灣仔發電廠的足跡，而 1925 年命名的光明街（Kwong Ming Street），都與灣仔供電歷史有密不可分的關係。

　　回首百年，讀者對灣仔或有滄海桑田之感。灣仔昔日的西式建設，已經奠定灣仔是一個逐漸西化的地方。可是，華人在灣仔的根基亦深，使灣仔的中西文化互為表裏，成為中西文化之都。由此可見，自香港開埠以來，中西文化便開始植根灣仔，並行不悖，是灣仔發展的一大特徵。

↑ 鄰近維多利亞港的灣仔發電廠，當時與海旁東（今日的莊士敦道）相距不遠。

第二章

灣仔探究路線

1 循道衛理聯合教會香港堂
2 和昌大押
3 南固臺
4 洪聖古廟
6 合和中心

茶籠街
柴陽街
交加街
日街
石水渠街
譚臣道
貝街
莊士敦道
星街

灣仔
歷史線

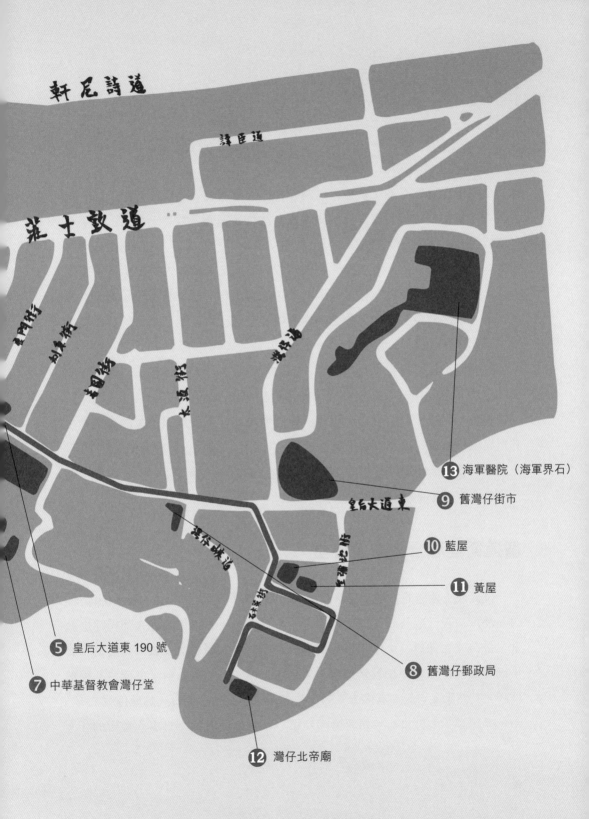

軒尼詩道

譚臣道

莊士敦道

東門街

利東街

春園街

太源街

灣仔道

皇后大道東

交加街

石水渠街

日街

月街

星街

13 海軍醫院（海軍界石）

9 舊灣仔街市

10 藍屋

11 黃屋

5 皇后大道東 190 號

7 中華基督教會灣仔堂

8 舊灣仔郵政局

12 灣仔北帝廟

灣仔歷史線

　　全港十八區各有不同特色，以灣仔為例，既有迎合潮流的時尚，也有古色古香的情懷，風貌多姿多彩，集古蹟、文化、宗教、教育、商業、娛樂等多個項目於一身，值得我們深入玩味。本章分別列出灣仔的「歷史線」、「生活線」（一、二）及「海岸線」四條路線，以圖文並茂的方式說明沿各路線不同地標的歷史和特色，你可按圖索驥，訪尋灣仔的歷史和新貌。畫家以速寫畫和「筆之隨想」的文字分享創作心得和感想，希望能在灣仔的滄桑變遷中，為你抓住她瞬間的芳華。

　　先介紹灣仔歷史線：我們沿着莊士敦道東行，一直走到昔日的海軍醫院（Naval Hospital），即是今日的律敦治醫院（Ruttonjee Hospital，前稱律敦治療養院）附近，時間只需半小時，便能發現灣仔不少歷史悠久的建築物，其建築風格獨樹一幟，不少建築物更被列為法定古蹟呢！從香港開埠的 19 世紀開始，直至今時今日的 21 世紀，時間幾近二百年，撫今追昔，你對灣仔的「前世今生」認識多少呢？

循道衛理聯合教會香港堂

　　位於莊士敦道的香港基督教循道衛理聯合教會香港堂（Chinese Methodist Church），現已成為灣仔主要地標之一。百年回望，以往香港人都稱呼這教堂一帶為「大佛口」；尤其是人們乘坐小巴時，如喊道：「大佛口有落！」小巴司機便會把車停在教堂附近，讓乘客下車。老一輩人對「大佛口」這個稱呼尤其熟悉。可是，有多少人知道教堂一帶稱為「大佛口」的原因呢？

　　要認識「大佛口」，便要追溯到第一次世界大戰前，日本人創辦的「大

佛洋行」（Daibutsu）。大佛洋行位於今日
莊士敦道與軒尼詩道交界，以出入口生意為
主，大廈外牆以一幅巨大的佛像壁畫作為招
徠，逐漸成為該處地標。久而久之，人們漸
漸稱呼該處為「大佛口」（意思大約是「有
個大佛的路口」）。後來，全球經濟不景，
大佛洋行在 1940 年結業，該處建築改建為新
的商廈；後來循道衛理聯合教會香港堂在「大
佛口」後方位置繼起，漸漸取代成為新地標。

回顧 1930 年代，中華循道公會開始構思
教堂建築；冠以「中華」兩字，顧名思義，
就是一個由華人開辦信奉基督教的機構。他
們以中西合璧的方式興建教堂，教堂頂部設
有中式鐘樓，再運用混凝土、鋼筋等西方建
築材料興建外牆，成為別具特色的教堂建築，
充滿華人教會提倡中西文化交流的意義。

← 一張戰前灣仔
的明信片，遠
處一座三層高
的樓宇，就是
大佛洋行，是
日後「大佛
口」名稱的由
來。

在循道會及會眾的捐助下，中華循道公會以港幣五萬元收購大佛口後方的地皮，在1936年建立「中華循道公會香港堂」。教堂樓高九層，以紅磚建成，所以有「紅磚禮拜堂」之稱。後來，教堂改稱「循道衛理聯合教會香港堂」，直至1992年拆卸重建，六年後建成一座樓高22層的循道衛理大廈，繼續在「大佛口」一帶，服務社群，成為一個新舊交替的時代象徵。

← 左圖是戰前的中華循道公會禮拜堂，最高的中式鐘樓非常突出。右圖是原址改建後的循道衛理大廈，中式鐘樓在22層高的大廈前，好像變矮了，但鐘樓頂的淺藍色與整座大廈的顏色不同，特色依然，凸顯鐘樓的存在價值。

← 循道衛理聯合教會香港堂
（循道衛理大廈）

筆之隨想：每次乘電車經過循道衛理聯合教會香港堂，總會被它的外形吸引，坐落於三岔街角上令她更顯非凡。為了突出高聳而筆直的外形，繪畫時選取了較接近建築物的位置，以三點透視的方式展現，突出它的神聖和雄偉。

和昌大押

大押又稱「當舖」，是一個典當物品的地方。客人在大押中，先向店員提供當物，經店員估價後，再核對客人身份，向客人提供當票，支付當金，便完成交易。時至今日，人們仍然可以用這個方法，解決一時之需，並可以在四個月內（當押限期），出示當票，支付本金及利息，取回當物。

隨着香港的銀行服務日漸普及，銀行貸款、信用卡等新的理財方式興起，取代了大押典當，令大押式微，部份歷史悠久的大押漸漸成為香港地標，其中之一是位於灣仔莊士敦道的和昌大押（Wo Cheong Pawn Shop）。和昌大押由羅肇唐家族所建，約建於1888年，原稱「東源大押」，是四座相連的樓宇，樓上設有長廊式陽台，在香港可謂碩果僅存，所以現時被列為二級歷史建築。

樓宇初期集報紙檔、照相館、髮廊、鐘錶行及時裝店於一身，而大押只是其中一個商戶；後來，東源大押改稱「和昌大押」。當其他店舖陸續遷出後，只餘下大押繼續經營。市區重建局在 2003 年收購和昌大押的樓宇，以便翻新保育，而和昌大押則喬遷至大王東街，繼續營業。

直至 2007 年，和昌大押原建築物經過翻新後，改變用途，化身成為消費場所，變成一所集展覽、休閒娛樂及懷舊於一身的灣仔新地標，反映平民化的灣仔漸漸走上高尚路線。

← 一張第二次世界大戰前的舊照片，右方是盧押道的大廈，盧押道前方就是原稱「東源大押」的和昌大押。和昌大押直至數十年後的今天，外貌依舊，值得細味。

筆之隨想：八、九十年歷史的招牌竟能狀態完好地保存至今，與建築共存，非常難得。店面主要物料由水磨石做成，此物料於舊建築中較為常用，特性是耐用而形狀多變，但因安裝工序繁複與施工期較長，所以本港建築工程中已逐漸被淘汰。是科技進步令工藝退步了，還是耐用已不合潮流？

筆之隨想：復修後的和昌大押雖然少了昔日作為民居時的生活氣息，但可幸是原棟建築仍能保存，令遊人能欣賞到昔日建築之優美。這棟臨街的第三代唐樓與電車軌道都有相當弧度，令人了解到和昌大押曾處於昔日弧形海岸線之上。弧形唐樓與所處位置令和昌大押更顯珍貴。

筆之隨想：和昌大押天台是一個「私人公共空間」（現時向公眾開放），未知大家有否留意？在天台上，大家能欣賞到莊士敦道的獨特景致。如果能讓更多人認識到這公共空間，相信市民對香港歷史將有更深層次體會。和昌大押處於弧形街道的轉角位置，因此在莊士敦道的遠方已能見到大押的風采，襯托行駛中的電車別有風味。

南固臺

灣仔不少建築物以外牆的顏色命名，例如：藍屋（Blue House）、黃屋、綠屋等，都是其中例子。位於船街盡頭的南固臺（Nam Koo Terrace），樓高兩層，外牆就是以紅磚建成，所以又被稱為「紅屋」。南固臺是香港罕見的戰前建築物，設有羅馬石柱，欄杆以花瓶形狀建成，風格獨特，富有歐洲色彩，現時被列為香港一級歷史建築。

早在 1915 年，香港商人杜仲文以港幣約 2,200 元，收購灣仔船街的地皮，並於三年後建成南固臺。永安百貨副司理杜澤文為了管理公司業務，所以在1921 年，以 3 萬元向哥哥杜仲文購入南固臺，作為居所。1943 年，杜澤文在南固臺逝世，享年 74 歲。

據稱在日治時期，日本人在船街設慰安所，而南固臺則被用作招待賓客。二次大戰後，南固臺卻一直空置。時至 1970 年代，合和實業在灣仔大展拳腳，興建合和中心（Hopewell Centre），又在 1988 年，以港幣約 1,600 萬元，向杜氏後人收購南固臺；後來曾有發展酒吧及酒店的想法，卻沒有進一步行動，使南固臺長期空置。坊間對南固臺有種種傳聞，內裏是否曾經發生鮮為人知的事情呢？那就有待考證了。

← 我們沿着船街，向着上山方向，拾級而上，便可遠眺南固臺的外貌。

洪聖古廟

從香港的廟宇中，我們可以了解香港存在各式各樣的傳統信仰：文武廟、天后廟、三山國王廟等，都是其中例子，而灣仔的洪聖古廟（Hung Shing Temple）也是其中之一。洪聖本名洪熙，曾任唐代廣州刺史，精通天文地理，勤政愛民，廉潔奉公。洪熙逝世後，皇帝追封他為「廣利洪聖大王」，後人建廟奉祀，洪聖被稱為「南海之神」，全名是「南海廣利洪聖大王」。後來，灣仔善信越來越多，所以興建一座洪聖廟，希望神明保祐平安。

洪聖古廟位於皇后大道東的中段，南面依山建成（現為合和中心二期地盤），北面原本接近維多利亞港，後來北岸填海，洪聖古廟遂成為灣仔內陸地區的建築。廟內除了供奉洪聖外，洪聖神像旁邊供奉金花夫人、太歲及包公等神祇，廟外則供奉社稷及魯班。洪聖古廟現已被列為香港一級歷史建築。其興建年份雖不可考，但是我們細心觀察 1843 年的地圖，仍未找到洪聖古廟的蹤跡，而洪聖古廟在咸豐十年（1860 年）重建，足證洪聖古廟的興建時間約是 1843 至 1859 年間，而這就是研究歷史追本溯源的方法。

↑ 上圖是 19 世紀的洪聖古廟，下圖是當今 21 世紀的洪聖古廟，二者外貌相近，不同的是上圖可見廟前有人力車停泊，等待客人上車，而今日的洪聖古廟前已是車水馬龍的繁忙大道。

時至今日，洪聖古廟以東稱為「大王東街」，以西稱為「大王西街」，其命名都與洪聖古廟有關。大王東街原稱 Lyall's Lane，時近 1855 年，一所名為 Lyall, Still & Co. 的洋行，在 Lyall's Lane 興建倉庫，所以街道以此公司命名。五年後，此公司欠缺資金，部份倉庫租借給軍方，並向怡和洋行抵押，直至 1871 年破產，由怡和洋行接管當地為止。同年，香港政府在當地開辦「大王公學」（Tai Wong Kung School）。「大王公學」是一所以華語教授的學校，作育英才，後來街道便有「大王東街」及「大王西街」的稱呼，一直沿用至今呢！

← 洪聖古廟隔壁為觀音廟。上圖是在 2018 年 9 月超強颱風山竹襲港之前，觀音廟懸掛的「望海觀音」牌匾，下圖是今貌。因為颱風的偶然因素，人們才發現原來「望海觀音」牌匾下是隱藏了150 多年的「北城侯廟」石額，刻有「同治丁卯仲冬吉旦」（1867 年），可知其史蹟變化。

↑ 洪聖古廟

筆之隨想：皇后大
道東的建築中西
融合，新舊並存，而
洪聖古廟在其中更是
舉足輕重，它的傳統
外觀與鄰近新式建築
互相輝映，令街道景
觀更見層次。廟宇分
為三個部份：左邊的
焚爐；正中的主廟與
右邊的鐵窗小樓（觀
音廟），規模雖然不
大但卻充滿趣味。於
主廟正脊的陶瓷人物
造像亦為一大亮點。

筆之隨想：小樓與主廟風格不同卻出現有趣的化學作用；那鐵窗、那欄杆、那立柱……這些細節都突出而不失和諧。

筆之隨想：焚爐一般與主廟都不會太接近，但因空間所限，洪聖古廟的焚爐就在廟門旁邊，而這金屬結構雖與中式風格相違背，但融和在一起卻又顯得特別有趣。

皇后大道東 190 號

皇后大道（Queen's Road）是香港的主要道路，現時被分成三段（皇后大道西、皇后大道中及皇后大道東），由石塘咀（Shek Tong Tsui）至跑馬地，約長五公里，用來紀念英國的維多利亞女王（Queen Victoria），應譯作「女王大道」，後來卻在華文翻譯下，誤譯成「皇后大道」，如是者，連同春園街在內，灣仔其實有不少地方都被誤譯呢！

19 世紀下半葉開始，唐樓在灣仔陸續建成，將部份外國洋行取而代之，使灣仔成為中西建築特色並重的地區。自 1887 年灣仔填海後，皇后大道東一帶較前寬闊。直至 1930 年代，皇后大道東 186 至 190 號興建一座唐樓，是為今時今日罕見的「廣州式唐樓」，距今已有 80 年歷史，是香港三級歷史建築之一。

廣州唐樓結合中西建築特色，以樓底高見稱，並興建騎樓，用作乘涼及聚會之用，成為良朋知己暢談之地，加上法式大窗的設計，更是別樹一幟。這種唐樓在 20 世紀初的廣州非常普遍，所以稱為「廣州式騎樓」。至於皇后大道東 186 至 190 號的樓宇，是三座四層高的樓宇相連，陽台長廊式設計的唐樓，具有一定歷史價值，所以重建利東街時，予以保留。

這種唐樓一般地下是商舖，樓上是住宅，地下的商舖也常常前舖後居，方便工作。與今日不同的是，當時的樓宇沒有廁所，反映 1930 年代的華人生活，仍以「倒夜香」為主。時下年輕人或許認為，這種建築風格才是傳統特色呢！

↑ 皇后大道東 190 號

筆之隨想：上世紀 30 年代的建築，風格與和昌大
押相同。經保育活化後雖然多了一份光鮮亮麗，
卻少了一份生活氣息……如標本般存在。

合和中心

時至 21 世紀，每當我們談及香港最高的建築物，都會想到中環及金鐘的高樓大廈。然而，在 1980 年代初，香港以至亞洲最高的建築物就是灣仔的合和中心，它標誌着當時灣仔的商業地位與日俱增，使中環、金鐘、灣仔及銅鑼灣連成一氣，漸漸成為香港的商業地區。

合和中心原址是 Turner & Co.，後來建成貨倉，20 世紀初改建成「迪龍里濟公活佛堂」，佛堂在 1970 年代拆卸，而濟公像遷至上環廣福義祠（Kwong Fuk Ancestral Hall）供奉。1980年，合和中心落成，由既是建築師，也是合和實業創辦人的胡應湘設計。合和中心樓高 66層，約有 216 米高，是一座圓柱形的建築物，也是香港第一座以澳洲滑模技術建成的大廈，沒有太多雕飾，以當年來說，可謂充滿時尚感，而且高度十足。遙想當年，人們從遠處眺望灣仔，都聚焦在合和中心一方，令人眼前一亮。

合和中心的環形頂部有一間旋轉餐廳（在62 樓），大約在 1980 年代初開業，外牆以落地玻璃設計，整個餐廳可以 360 度轉動，顧客得以居高臨下欣賞環迴景色，尤以旋轉夜景的自助餐最為人稱道，高尚摩登，深入民心，當時成為市民和旅客嚮往的著名遊覽地點，更是一代香港人的集體回憶。餐廳近年易手，重開後仍以旋轉景觀和自助餐為招徠。

↑ 合和中心

筆之隨想：於皇后大道東由西向東望，將發現別有景致——摩天大廈與舊建築並列。這樣的構圖目前於香港仍不難找到，但相信不久後將會漸漸消失。

筆之隨想：由灣仔舊街市東向西望，密集線條由胡忠大廈伸延至合和中心，合而為一，成了一道有趣的高牆。

↑ 於合和中心觀光電梯外望景致

中華基督教會灣仔堂

灣仔的基督教建築物，除了循道衛理聯合教會香港堂外，還有位於春園街的中華基督教會灣仔堂（The Church of Christ in China Wanchai Church）。中華基督教會歷史悠久，灣仔堂是其屬會之一，原名為灣仔福音堂，是在

↑ 中華基督教會灣仔堂

1863 年由英國倫敦傳道會差派來港的理雅各牧師（James Legge）與香港首位華人牧師何福堂所設立，宗旨是以辦學傳福音。該教會於灣仔創辦幼稚園、小學及夜中學，以低廉的收費，教導香港人讀書識字，降低香港的文盲率，造福社會。時至今日，或許「夜中學」已經成為部份香港人心目中的歷史名詞呢！

1932 年，何心如擔任灣仔福音堂第一任牧師。1952 年以後，灣仔堂成為合法社團，並收購灣仔春園街的竹居台，建成新式教堂。教堂樓高五層，以麻石建成，一直沿用至今。此外，灣仔堂服務並不局限於灣仔區，後來將服務拓展至九龍，所以在 1968 年，開辦油麻地的基道學校，是為灣仔堂第一所在九龍興辦的學校。

筆之隨想：這鬧市中的清幽地，就在皇后大道東旁，感覺卻截然不同。

舊灣仔郵政局

　　現在科技發展一日千里，香港的流動通訊及互聯網應用非常普及，香港人與海內外親友聯絡，幾乎是無遠弗屆。然而，百年以前，民眾仍以書信及電報聯繫；由於電報比較昂貴，所以書信成為普羅大眾使用的主要通訊工具，而舊灣仔郵政局（The Old Wai Chai Post Office）就是當年一個傳遞書信的地方。

　　舊灣仔郵政局位於皇后大道東及灣仔峽道（Wan Chai Gap Road）交界，最初是一座警署，建於 1847 年，時稱「三號差館」，直至 1903 年遷出。20 世紀初，香港人口不斷增加，隨着社會發展需要，政府在 1912 年計劃拆卸「三號差館」舊址以興建一座郵政局，並在 1915 年 3 月 1 日啟用。

　　舊灣仔郵政局是香港現存最古老的郵政局建築物，而且與其他郵政局的設施截然不同。當時，郵政局內設有宿舍、廚房及洗手間，設備一應俱全，並於 1990 年被列為法定古蹟。郵政局在 1992 年遷出，翌年改變用途，改作環境保護署的環境資源中心——環保軒（Wan Chai Environmental Resource Centre），展示保護環境的資訊，直至今天。

　　舊灣仔郵政局正門上方以弧形設計，屋頂鋪設中式瓦片，內部屋頂以西式風格建成，糅

↑ 舊灣仔郵政局

合中西建築風格，別樹一幟，是為昔日殖民地建築的一大特色。現時，環保軒展館內文物眾多，例如：長形柚木櫃枱、郵政信箱、郵票售賣機等，都有數十年的歷史，為我們擔當 20 世紀的見證人。

↑ 上圖後方是戰前的郵政局，中間是潔淨局（後稱市政局）的儲物室，前方是警察宿舍和「三號差館」（舊灣仔郵政局的前身），所以警察上班非常方便；下圖是舊灣仔郵政局現在的外觀，後方現已變成胡忠大廈。

筆之隨想：這中西合璧的建築風
格簡潔而不失優雅，弧形瓦頂
與窗頂磚拱更是一大亮點。

舊灣仔街市

香港最早的室內市場——中環街市，約建於 1850 年，其前身為廣州市場。
為了滿足民眾生活所需，香港政府再分別於上環、掃桿埔和灣仔興建街市，
同於 1858 年落成；其中的灣仔街市（Wan Chai Market）有「第一代灣仔街市」
之稱。直至 1937 年，香港政府在皇后大道東與灣仔道（Wan Chai Road） 交
界，參考二次大戰前的德國建築風格，興建第二代的灣仔街市，人稱「舊灣
仔街市」，成為不少香港人的集體回憶。

「舊灣仔街市」樓高兩層，外形像一艘船，屋頂由欄杆組成獨特的弧形

◀── 中間的馬路是灣仔道，右邊
就是落成不久的第一代灣仔
街市，當時吸引不同年齡人
士光顧，購買生活所需。

◀── 此圖是同一位置的舊灣仔街市
（第二代），現已變成住宅，
但仍保留昔日的部份外觀。

設計，與中環街市的設計相近。其中的鋼架建築及
流線外形，是當時香港較先進，也是香港現存最古
老的鋼架建築物，為香港工業化初期的象徵，現已
成為香港三級歷史建築。曾幾何時，「舊灣仔街市」
服務大眾，地下賣水果，一樓賣蔬菜，是香港人熟
悉的場景；它協助民眾建立良好的社區關係，成為
一個遠近馳名的街市，運作超過 70 年。

　　直至 2008 年 9 月 1 日，第三代的灣仔街市（皇
后大道東 258 號）啟用後，「舊灣仔街市」在次年
5 月蛻變，由私人發展商把後半部份拆卸，只保留
前半部份，包括：外殼、外牆、階梯等，其上蓋則
興建住宅，地下設有商店和餐廳，這是政府與商人
合作下保育「舊灣仔街市」的最終方案。它的保存
令民眾了解灣仔社會的變化，藉此感受過往香港人
的生活點滴。

筆之隨想：舊灣仔街市
雖然已被改建得只剩
部份外牆，但仍能想像其運
作時的風采。

藍 屋

石水渠街（Stone Nullah Lane）一帶，古色古香，與現代化的設計截然不同。回想 1855 年或以前，石水渠街的確有一條明渠，溪水從摩理臣山開始流下來，途經石水渠街，直達海旁東（今日的莊士敦道），華人以溪水煮食及洗滌衣服。而顛地居住的「泉水花園」，就是借助其中水源做成噴泉。後來，顛地破產，香港政府在 1855 年將明渠附近鋪成道路，並以「石水渠」為街道名稱。而聖保祿女修會也在石水渠街附近，建造歐陸式房屋，使石水渠街一帶成為華洋共處之地。我們現在可以憑着石水渠街的路線，找到水渠的大概位置，撫今追昔。

1862 年，政府拍賣土地，商人彭華收購石水渠街以東土地，興建一所所木屋，吸引不少華人移居灣仔，使石水渠街一帶成為華人聚居之地，令當地逐漸平民化。後來除了木屋群，還有藍屋等舊式唐樓。藍屋坐落在石水渠街 72 號至 74 號 A，建於 1922 年，樓高四層，因為外牆漆上藍色，所以有「藍屋」之稱，成為石水渠街的標誌。

藍屋以鋼筋水泥建成，窗框、扶手等採用木材構造，整棟樓房都沒有抽水馬桶之設，其樓梯、露台、廚房等，都具備戰前樓宇的特色，尤以露台為僅存典型，所以被評為香港一級歷史建築。

藍屋前身是「華佗醫院」（中醫院），又名「灣仔街坊醫院」，初見於 1872 年的差餉記錄冊，相信

↑ 下圖是經過翻新後的藍屋，上圖是 1950 年代的藍屋；兩者的外觀幾乎沒有太大的改變。

是首間在灣仔開設的華人醫院。醫院在 1886 年關閉後,改建廟宇,供奉華佗;1920 年代,廟宇拆卸後興建了四層高的唐樓,即是現存的藍屋,而華佗廟也重現於藍屋 72 號地下。1950 年代,華佗廟又為林世榮(黃飛鴻徒弟)之姪林祖教授洪拳的武館取代;1960 年代,林鎮顯子承父業,繼續於此授武,並開設醫館,成為針灸診所,一直營運至今。回溯戰前,藍屋的二至四樓,曾開辦一所英文中學──「一中書院」,是當年區內唯一的英文學校;而一樓則是「敬涵義學」,為小孩提供免費教育,作育英才;兩間學校均在戰後停辦。

鄰近藍屋的橙屋,位於景星街 8 號,建於 1958 年,樓高四層;以橙色為外牆,所以稱為「橙屋」,早年用作儲存木材。橙屋雖然也是年代久遠,但一直不獲政府評級。直至 2007 年,橙屋被列為「藍屋建築群」的一部份,一併保育發展。

← 藍屋的林鎮顯醫館

↑ 藍屋建築群

筆之隨想：藍屋算
是成功轉型活
化的例子，雖然仍有
未臻完善的地方，但
能踏出第一步已是好
的開始。

筆之隨想：藍屋有很多地方都
充滿故事，如果想了解多些，
參與導賞活動是一個不錯的選擇。

黃　屋

　　灣仔不少建築物，我們都以顏色來稱呼，除了
上文談及的藍屋、橙屋外，黃屋也是其中之一。黃
屋在藍屋旁邊，建於 1928 年，樓高三層，建築風格
充滿歐洲色彩，但以上居下舖的華人居住模式為主，
延續傳統風氣。由於街道狹窄，所以黃屋採用懸臂式
露台；屋頂加上金屬蓋片，上層以木柱及中式磚瓦所
建，地下有西式圖案的鐵窗花，樓梯就以木材建成。
經過翻新後，大廈以黃色外牆示人，所以有「黃屋」
的稱呼，現被列為香港二級歷史建築。

↓ 翻新後的黃屋

筆之隨想：名氣雖不及藍屋，但作為同一建築群，大家亦不要「走漏眼」呀。

藍屋建築群

2006 年，鄰近藍屋的聖雅各福群會與當地居民一起推動藍屋等歷史建築的保育運動；2009 年，香港政府終於收購藍屋、黃屋和橙屋的業權，連同該處一片政府土地，合併發展藍屋建築群的活化計劃。2010 年，政府接納聖雅各福群會的申請，令藍屋建築群成為香港第一個「留屋留人」的活化保育項目。於是，藍屋建築群的居民可以不必搬遷，而樓宇又得到修葺；同時，藍屋地下除了商舖、餐廳外，更開設了灣仔民間生活館，展示人們過往日常生活的物品，充滿民間風情。從 2012 年開始，民間生活館改稱「香港故事館」，深入刻畫藍屋、黃屋等建築群的歷史及特色，趣味盎然。

2017 年，藍屋建築群保育項目榮獲「聯合國教科文組織亞太區文化遺產保護獎」之卓越獎項（最高級別），也是香港第一個獲得這個最高榮譽的得主，可謂實至名歸。

近年，藍屋及黃屋的單位以市價八折招租，不乏市民入紙申請，部份市民冀能啟發創作靈感，建立鄰舍關係，再次體驗香港的人情味，尋找昔日街坊守望相助的精神。

北帝廟

當我們走進石水渠街後，除了看見藍屋建築群之外，還會看見一所超過百年歷史的北帝廟（Pak Tai Temple），又稱「灣仔北帝古廟」。北帝廟原稱「玉虛宮」，是香港法定古蹟，建於同治四年（1865 年）。1863 年，灣仔居民集資，籌建北帝廟，兩年後落成。1907 年，北帝廟在左右兩旁擴建，曾用作書院及公所。每逢農曆三月初三，北帝廟香火鼎盛，慶祝北帝誕辰，民眾樂也融融。

北帝廟內佈置與上環文武廟相近，主殿供奉北帝（玄天上帝）兩尊，還

← 北帝廟（玉虛宮）現在的外貌，清代將領張玉堂為門額題「玉虛宮」三字，一直保留至今。

有多座祭壇，如濟公、呂洞賓、關羽等，兩側有三寶殿、龍母殿及財神殿，成為一大特色。北帝銅像高約三米，於明代萬曆三十二年（1604 年）所造，已有四百多年歷史。

北帝廟門額「玉虛宮」三字，出自張玉堂手筆。究竟誰是張玉堂呢？1854 年，張玉堂擔任大鵬副協將，守衛九龍寨城。英法聯軍之役時，張玉堂拒絕港督寶靈要求，不肯交出抗英分子，為保護新安義軍，曾被二百名英軍活捉問話，後被釋放。清朝亦重視張玉堂功績，所以張玉堂一直留任至 1866 年為止。時至今日，九龍寨城公園仍然保存張玉堂的拳書（以拳代筆）和指書（以指代筆）石刻，異常珍貴。

↑ 北帝廟旁邊「T」字形的街牌（石水渠街 Stone Nullah Lane），運用獨特的手工製成，以金屬外框包圍，內裏每個中文字及英文字，都採用獨立的瓷製「字粒」所造，距今超過 60 年的歷史。

↑ 北帝廟

筆之隨想：作畫當時適逢廟宇正進
行修葺，所以廟旁雜物不少。作
為歷史建築，對它愛惜也是應該的！

海軍醫院（海軍界石）

　　由於灣仔南方多屬山區，香港政府多在灣仔北方發展，鮮有在南方發展，所以灣仔南留下不少歷史遺蹟，其中位於皇后大道東的律敦治醫院，就有超過一百多年的歷史。

　　律敦治醫院前身是海員醫院，在 1843 年建成。後來，由於海員不多，以致醫院長期虧蝕，在 1873 年改建成皇家海軍醫院，後再改建為律敦治醫院，所以當地有「醫院山」之稱。

　　醫院旁邊的石牆上，刻有海軍標誌及編號，原因有二：一是代表皇家海軍屬地的範圍；二是海軍上岸後，尋找醫院的標誌及編號，便可以辨別醫院的位置，前往醫院求診。

← 位於香港華仁書院（Wah Yan College, Hong Kong）旁邊的海軍醫院界石，上面刻有海軍船錨的標誌，下面刻有「1905」的數字，應是代表 1905 年所建立的界石，標誌着當地海軍醫院的發展。

Naval Hospital

筆者從十數個灣仔的地方，講解灣仔的
街道及建築物，標誌着灣仔區古往今來的發
展。讀者或許察覺到，筆者構思這條灣仔的
歷史線，主要是涵蓋莊士敦道以北的地方，
這與灣仔昔日海岸線的推移，有莫大的關係，
其中不少建築物有一百多年的歷史，值得我
們細味其中，感受一個個灣仔的地道故事。

↑ 一張 20 世紀的明信片，石
水渠街的水渠依然清晰可
見，遠處山上白色的建築
物，就是海軍醫院。

③ 東美花園
　寶華大廈

④ 晏頓街、蘭杜街

⑤ 李節街

⑥ 機利臣街

⑦ 長康大廈

⑧ 天地圖書

① 日街、月街、星街

② 德如茶餐廳

⑪ 適安街

⑬ 明仁大廈

⑫ 皇后大道東
　132 號

⑮ 汕頭街

⑩ 皇后大道東 105 號

⑭ 安興大廈

灣仔
生活線（一）

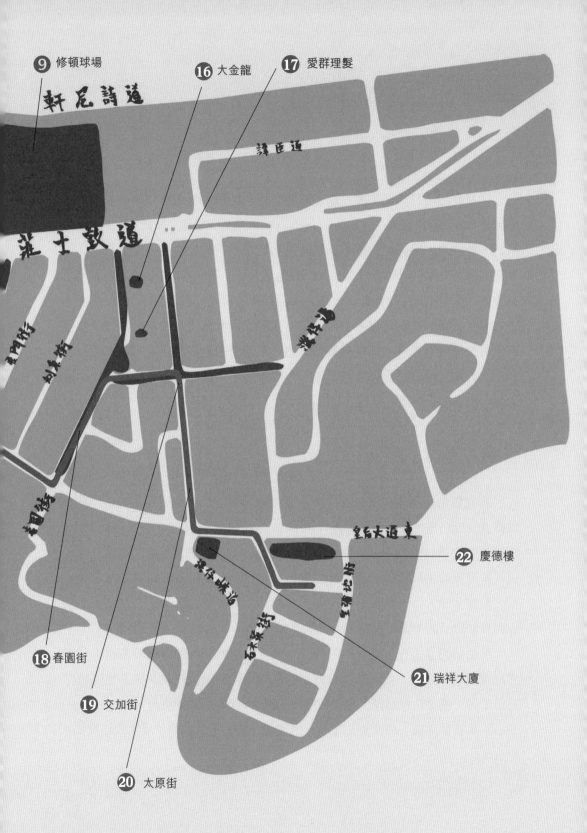

⑨ 修頓球場

⑯ 大金龍

⑰ 愛群理髮

軒尼詩道

譚臣道

莊士敦道

廈門街

利東街

港仔道

皇后大道東

⑱ 春園街

太和街

盧押咪道

石水渠街

三寶地街

② 慶德樓

② 瑞祥大廈

⑲ 交加街

⑳ 太原街

灣仔生活線（一）

上文介紹灣仔的歷史線，以不同的建築物入題，帶出灣仔新舊並重的建築風格。當我們由金鐘道（Queensway），走入皇后大道東，便踏進了灣仔區。我們不難發現，附近的街道店舖及建築物已包括：衣食住行，歷史文化，以及住宅和商廈等不同類型，都與我們的生活息息相關，其中各式各樣的排檔，與香港人數十年來的生活並存，既有香港昔日的情懷，也是灣仔今天的特色。

繼前文探討歷史線後，本章再探討生活線，我們從金鐘步進灣仔，發現灣仔的地標各有千秋，部份建築歷史悠久，部份街道別具意義，值得記錄下來。我們將「生活線」分為兩部份，介紹灣仔不同的地方，細味灣仔的地道風情。這裏先介紹第一條生活線沿線的特別風貌。

日街、月街、星街

當我們走近金鐘與灣仔交界，不難發現萬茂里（Monmouth Path）有一段斜坡，以前是分隔域多利兵營（Victoria Barracks）的街道，店舖售賣木材，成為售賣建築材料的著名地點。萬茂里鄰近日街、月街及星街，如第一章所說，日街、月街及星街一帶曾興建發電廠。當發電廠遷至北角電氣道、大強街一帶後，日、月、星街漸漸改變土地用途：興建學校、教堂及住宅，成為人們日常生活的地方，直到今天，依然如是。

可是，很多人在生活繁忙的背後，或許會忽略星街的垃圾收集站，甚至感到垃圾收集站是一個骯髒的地方，殊不知星街的垃圾收集站與其他垃圾站截然不同，就是在外面髹上肖似 20 世紀著名荷蘭藝術家蒙特利安（Piet Mondrian）畫作的裝飾，藉此美化垃圾站的環境，為平平無奇的垃圾站改頭換面，給人煥然一新的觀感。

星街的垃圾站 →

↑ 月街

德如茶餐廳

　　排檔又稱「固定攤位小販」，就是一個個小販在指定的地方擺賣，包括報紙、工匠、理髮、熟食等攤檔，形成一列一列的排檔。然而，排檔在香港並不是隨處可見，而是在指定街道上方可營業。在本文研究的灣仔範圍內，就有一間售賣熟食的攤檔，也是灣仔碩果僅存的熟食攤檔——德如茶餐廳，它位於光明街（Kwong Ming Street）。

　　德如茶餐廳一名，就是從老闆蘇德如的名字而來。可是，蘇德如開店不足十年，便已逝世，其妻及子女堅持將茶餐廳經營下去，至今大約有 60 年的歷史。香港以前有不少熟食攤檔，但是經營者的後人未必繼續經營，政府便收回熟食牌照，以致香港的熟食攤檔越來越少。當我們坐在德如茶餐廳時，可以體驗露天排檔的風味，其古色古香的鐵皮茶檔尤堪玩味，包含着一份灣仔新舊兼容的情懷。

↑ 德如茶餐廳

東美花園、寶華大廈

商業大廈的外觀各有不同,通常建築師會各出奇謀,在考慮實用之餘,也突出設計個性,務求引人注目。不過,也有些大廈在無心插柳之下,達到意想不到的效果,例如東美商業中心(Dominion Centre)正是其中之一。

東美商業中心是一座外形簡單的商業大廈,香港政府在其旁邊的東美花園一個斜坡上建造護土牆,以策安全。誰料雀鳥在石牆附近棲息時,不經意地為石牆播下種子,結果長出了大樹,使一道簡單的石牆,漸漸變成今時今日的「石牆樹」,這獨特的生態使東美花園別樹一幟。2012年,東美花園在公私營機構合作的「活化灣仔舊區計劃」下,令人耳目一新,市民可以在此更舒適地休憩和細賞「石牆樹」。

東美花園對面的寶華大廈(Po Wah Building),樓高14層,已有超過60年歷史。人們常向寶華大廈的綠色鐵閘投注目禮,因為花紋優美、造工複雜,甚至被譽為「最美麗鐵閘」,足以反映寶華大廈在1950年代時,是一座華麗的大廈。時至今日,雖然寶華大廈已被清拆,但是其綠色鐵閘予以保留,好讓後人了解這滿載「香港味道」的突出設計。

被譽為最美麗鐵閘的寶華大廈鐵閘 ➜

← 東美花園

← 寶華大廈
↓

晏頓街、蘭杜街

自鴉片戰爭以後，洋人買下不少港島區的沿岸土地，灣仔就是其中一個地區，所以洋人逐漸遷入灣仔，包括一些俗稱「洋行大班」的人。當年香港政府為了紀念這些「洋行大班」的貢獻，或者為了討好他們，將街道冠以他們的姓名，使人們注意其在香港的功績。這些街道的名稱沿用至今。

1915 年，天主教會將灣仔部份地皮賣給香港土地公司（Hong Kong Land Company），改變土地用途。1917年，香港政府開發上述土地，開闢兩條街道，並以怡和洋行（前稱渣甸洋行）的兩位大班命名，一是蘭杜 （David Landale，1902 年至 1921 年的董事），成為今日的蘭杜街（Landale Street）；一是晏頓 （Charles Edward Anton，1911 年至 1918 年的董事），成為今日的晏頓街（Anton Street）。這是灣仔在大規模填海前，洋行在灣仔沿岸發展的足跡。

晏頓街寶華大廈 ➜

筆之隨想：外形巨大的
寶華大廈幾乎把兩旁
的建築物都遮擋了，但隨
着重建工程開展，它與後
方的舊樓也一併消失。
因為街道狹窄而寶華大廈
樓層較多，所以繪畫時需
要以魚眼效果將主體稍為
變形，以誇張手法凸顯其
雄偉。

李節街

香港開埠以後，大部份中環、灣仔街道的名稱都與洋人有關，相反使用華人名字的街道寥寥可數，以灣仔為例，李節街（Li Chit Street）是其中之一。李陞是 19 世紀末香港華人首富，也是東華醫院的創辦人，並創辦李陞小學。李節是李陞的弟弟，也是商人，買下不少灣仔一帶的地皮。李陞、李節兩兄弟對香港社會發展有舉足輕重的地位。

1887 年，香港政府打通灣仔以西一帶，但是直至 1896 年，李節逝世，仍然未出現李節街一名；到了 1920 年 4 月 1 日，香港政府才把灣仔的一條街道以李節命名。在二次大戰前，香港街道使用華人名字，實在是非常罕見的例子，反映港府對李節的重視。

二次大戰後，李節街有不少舊式大廈，洋服、水電、印刷等商舖一應俱全，直至 1985 年拆卸為止。1994 年，李節街被分為三段，其中一段改建為李節花園（Li Chit Garden），內有一座仿古牌樓，依戰前建築物外貌所建，但只有模仿的外牆，樓高三層，展現舊唐樓風貌，充滿古典氣派，被人們稱為「灣仔大三巴」。

被稱為「灣仔大三巴」的李節街牌坊 →

機利臣街

上文談及灣仔的晏頓街及蘭杜街，兩條街道的名稱都與洋行有關，均以怡和洋行的大班命名，而機利臣街（Gresson Street）的機利臣，也是一間洋行（Gresson & Co.）。20世紀之初，香港政府鋪設機利臣街，機利臣街不久成為遮打爵士名下的貨倉，後來改建住宅。所以我們研究香港的街道名稱時，多留意人名、洋行與街道的關係，往往有意想不到的收穫。

機利臣街位於皇后大道東與莊士敦道之間，雖然只有約100米的長度，但是在1918年，機利臣街爆發槍戰，震驚全港，釀成八死多傷（死者包括五名警察及三名疑匪），令香港人一度為治安而擔憂。

今天機利臣街有一系列排檔，是香港43個固定小販排檔區之一。攤販在街道的兩旁擺賣，販賣鮮花、衣服、水果等，貨品應有盡有，就像香港昔日的墟市，人們在排檔的一條行人通道中穿梭，購買生活所需，來來往往，氣氛熱鬧。

↑ 機利臣街

筆之隨想：於窄巷上看到藍天、
玻璃幕牆大樓、排檔⋯⋯這就
是香港的獨有風光。

長康大廈

　　1841 年，香港開埠以後，隨着政府官員及英商等社會高層的住屋需要，在中環及太平山頂一帶出現不少西式住宅房屋，後稱「洋房」；華人的民居則集中在太平山山腰以下，主要在上環及太平山街一帶，多為二、三層高的住宅樓宇，後稱「唐樓」，是為香港最早期的唐樓，並逐漸形成「洋房」與「唐樓」之別。香港開埠早期住房的地理位置與式樣均充份反映華洋身份之別。

　　直至 20 世紀中葉，香港人口逐漸增多，尤其是在 1950 年代，人口暴增超過 200 萬，加上二戰時不少房屋受到破壞，令房屋需求大增；政府為了解決住屋需求，放寬了市區樓宇高度限制，於是新建的唐樓便由戰前興建的三、四層一變而為六至八層，後稱為「新唐樓」或「第四代唐樓」，也是最後一代的唐樓。受到現代主義建築影響，這些新建造唐樓的設計風格比較簡單，外形沒有花巧的裝飾。

　　1965 年 12 月入伙的長康大廈（Cheong Hong Mansion），位於灣仔莊士敦道及分域街（Fenwick Street）交界，與昔日的唐樓設計不同，樓高 17 層，足證香港踏入 1960 年代，高樓大廈趨於普遍，唐樓逐漸成為歷史。在今天的香港，唐樓已經越來越稀有，這或許是一個難以逆轉的潮流，所以我們要把握時間，為唐樓留下一個記錄。

1964 年的分域街，左方是《工商日報》報社，該大廈早已拆卸，其後方是興建中的長康大廈。圖右方的戰前唐樓早已消失，同一位置現在是循道衛理聯合教會香港堂。上世紀五、六十年代，很多洋人水兵在分域碼頭登岸，圖右方白衣白帽的洋水兵，可説是時代的縮影。

筆之隨想：希望做到戶戶向
南，於是街角上就建成了
形態有趣的大廈。

長康大廈 →

天地圖書

上世紀六、七十年代，隨着人口增加、社會發展和教育普及，灣仔區的大小書店林立，例如：波文、一山、青文、天地圖書等，都受到愛書人支持。然而，書店不易經營，上述書店至今仍在灣仔屹立不倒的，就只有天地圖書，並一直同時經營圖書出版和銷售業務。

回顧天地圖書的歷史，我們可從《七十年代》雜誌（月刊）說起。1971年 2 月，李怡等人創辦《七十年代》，報道兩岸三地及國際間的大事和分析時局，此外又出版文史哲圖書，並設立「七十年代書會」，引入會員制度，致力推廣閱讀，建立一定的讀者群，逐漸演變為香港一個文化重鎮。

據天地圖書負責人透露，《七十年代》因為發展業務的需要，欲拓展書籍零售，因而有開設書店的設想。董事長方志勇及李怡等人遂在 1976 年創辦天地圖書，當時部份人員留任雜誌編輯，部份則調任天地圖書。現為永遠名譽董事長的陳松齡先生在 1979 年加入天地圖書，最初任副總編輯，為李怡副手，協助出版業務。陳松齡等人後來接手經營天地圖書，而他本人及後曾擔任天地圖書總編輯、總經理、董事、董事長等要職，於 2018 年榮休。

天地圖書門市總店一直設於莊士敦道 30 號現址，至今逾 40 年，見證着灣仔的變遷。書店最初只有地庫店面，約有 8,000 多平方英尺，以經營中文書為主；後來為增加書種及展示不同圖書主題，再增設一樓全層，兩層合共15,000 平方英尺，一度成為港九面積最大的書店：一樓銷售英文書及文具，而地庫除經營中文書外，更添置了中英兒童圖書閣。

出版方面，天地圖書在香港這個言論自由的空間，早期出版了一些有代表性的包括敏感題材的書籍，其中《雷震回憶錄》就是一例。在 1980 年代建構基礎時期，出版策略作出調整，以「雅俗兼容」為出版方針，首先考慮文化價值，同時也考慮市場價值，奠定作者陣容的「四大天王」：亦舒、李碧華、梁羽生及蔡瀾。經過長年耕耘，與兩岸三地及海外不少著名作者建立深

厚關係，形成了一個獨特的文學出版定位，通俗嚴肅主題兼備，非常多元化。由始至今積累出版物近 3,000 種，目前在市場上流通的有千多種，而售賣的中外圖書多達 80,000 種。

1999 年增設尖沙咀加連威老道門市分店，卻於 9 月 20 日開幕當天，灣仔總店地庫因電線漏電而引致火警，大量書刊難逃祝融之災，損失高達 3,000 萬港元。幸而，陳松齡先生早鑒於中環嘉利大廈嚴重大火，汲取教訓而加大天地門市的保險金額，因而重建門市起了一個重要的作用。總店停業至次年 7 月 1 日，在著名建築家何弢先生重新設計下，得以在浴火後重生。天地圖書門市分店曾在九龍經營了 15 年，換了三次店址，尖沙咀分店最後於 2011 年結束，而灣仔總店近年除銷售圖書文具外，也引進文化精品，並經常舉行專題講座等文化活動，為熱鬧的灣仔再添色彩。

↑ 天地圖書創辦時的廣告，以「敷天地奇采，集圖書大成」的口號作招徠，嵌入「天地圖書」的品牌名字。

↑ 圖上方為天地圖書灣仔門市原有的霓虹招牌，由於受到「建築物條例」的監管，於是在 2018 年底清拆。這種霓虹招牌日漸減少，將來只能憑相片追憶。

修頓球場

香港有不少著名的球場，九龍有麥花臣球場（Macpherson Stadium），而香港島則有香港大球場（Hong Kong Stadium），修頓球場（Southorn Playground）也是其中之一，現已成為灣仔地標。修頓球場又稱「修頓遊樂場」，簡稱「修頓」，其中興建的原因，可以從前輔政司修頓爵士（Sir Wilfrid Thomas Southorn）說起。

1940 年代的修頓球場，前方的唐樓位置就是莊士敦道。

1934 年，軒尼詩道鋪建不久，修頓夫人伍爾夫（Bella Sidney Woolf）希望造福社群，向政府爭取興建球場，作為送給香港兒童的一份禮物，希望兒童永遠可以在陽光下奔跑（running wild under the sun），每天都可以強身健體，使修頓球場成為有益身心的地方。

久而久之，修頓球場除了可以進行球類運動外，也成為華人聚集之地，在早上為從事體力勞動的人，提供一個等候工作的場所；在晚上則有各式各樣的表演及攤檔，變成「平民夜總會」，適合一家大小玩樂，與駱克道附近的夜總會，美國水手飲酒作樂的景象，形成一個強烈的對比。

直至今天，「修頓」有一個七人足球場及四個籃球場，既是一個進行比賽的地方，也是一個給香港人約會、老人家乘涼的主要地點，達到運動的目的以外，還成為灣仔地標之一，伍爾夫絕對是功不可沒的。

修頓球場 →

↓

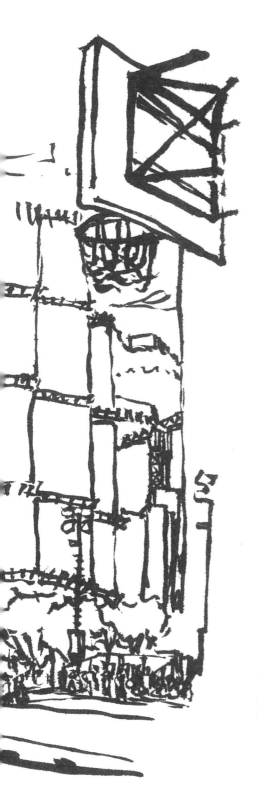

筆之隨想：於灣仔這密集社區，難得仍能保留這一片喘息空間，亦反映灣仔充滿活力的一面。畫中以高樓作為背景，襯托球場上運動健兒們的活動景象，相映成趣。

皇后大道東 105 號

　　1894 年，香港爆發鼠疫，死亡人數多達 2,000 人。後來，香港政府透過不少方法，防止疾病蔓延，其中一個是注重唐樓空氣流通，立例監管樓層高度、通風等，所以唐樓樓底高達四米，可以興建閣樓，用來儲存貨物，並改善房間的設計，每個房間都有窗戶，成為唐樓的基本設計。

　　直至第二次世界大戰後，唐樓在灣仔相繼落成，除了前文介紹的例子外，皇后大道東 105 號的唐樓也值得注意。它樓高四層，黃色外牆，在 1957 年興建，距離現在超過60年的時間。不少大廈有自己的名稱，但是皇后大道東 105 號卻與別不同，並沒有立名，而且三樓及四樓的單位一層比一層小，好像一層層的樓梯，形成視覺上的特色。

　　唐樓是不少香港人居住的地方，陪伴香港人成長，令香港人回味昔日社區生活的色彩，以及守望相助的精神。

← 皇后大道東 105 號

筆之隨想：停留於高樓與
時間的狹縫，靜靜待
着……直到「那一天」來臨。

適安街

我們從皇后大道東近船街及聯發街（Lun Fat Street）的位置，走進適安街（Sik On Street）。適安街入口比較狹窄，左右兩邊都是 1950 年代的舊式唐樓，或會為人所忽略。二次大戰前後的適安街，寮屋密佈，是售賣家禽的地方。後來部份店舖專門做印刷及製作窗簾，部份人士在牆壁上繪畫，雕飾樓梯和欄杆，令街道開始有所轉變，不變的是街道遍佈濃厚的人情味，才令畫作保存至今，希望普羅大眾認識藝術創作，注重藝術。

適安街的樓梯附近，有一道牆壁引人注目。牆壁給予人們一個機會，展示自己的畫作，部份作品更是惟肖惟妙。問題是：為甚麼街道上能夠有這些別出心裁的畫作呢？原因是那裏的業主大方，不介意塗鴉牆壁，才可將作品展現眼前。

↑ 適安街唐樓的一道牆壁，展示藝術家的畫作，成為街頭特色。

← 適安街

皇后大道東 132 號

　　上文介紹皇后大道東 105 號的唐樓，特色在於三樓及四樓的建築，一層比一層小，好像一級一級的樓梯，而皇后大道東 132 號的唐樓卻是上大下小。這座唐樓在 1968 年落成，樓高五層，以藍色外牆為主，設計獨特，尤其是二樓及三樓的位置，好像一個英文字母「C」字，中間的位置凹陷，是香港唐樓的特色之一。

← 皇后大道東 132 號
（左方藍色的唐樓）

明仁大廈

　　明仁大廈（Ming Yan Mansion），位於皇后大道東，入口則在大王東街。它在 1967 年落成，樓高十二層。由九樓開始，好像拾級而上，一級一級到達十二樓頂部，最頂部的位置就像一個舊式房屋的煙囪，奇峰突出，設計獨特。

← 明仁大廈

安興大廈

安興大廈（On Hing Mansion）位於明仁大廈對面，入口都在大王東街，同樣在 1967 年落成，樓高九層，其中二樓及三樓的設計，與皇后大道東 132 號相近，就像一個英文字母「C」字，反映這種設計在 1960 年代可能非常普遍。

安興大廈　➡

汕頭街

1841 年，皇后大道東以北一帶已經是海岸線，不少商人經過拍賣，獲得土地，興建碼頭、貨倉、船廠及辦公室，以便存貨及修理船隻，所以上文談及的機利臣街是貨倉。汕頭街（Swatow Street）也是貨倉，而且是顛地洋行的貨倉。直至 1860 年代末，汕頭街一帶的貨倉租借給軍方；後來賣給一個在 1883 年來港的海關醫生 Patrick Manson；直至 1920 年代前後，這裏再興建唐樓。

當時，灣仔的不少貨物都是經海路運往中國內地，所以不少灣仔的街道都以廣州的地方命名，汕頭街及廈門街（Amoy Street）就是其中的例子。汕頭街儲存的貨物以茶葉為主，運往汕頭進行貿易，所以稱為「汕頭街」。灣仔經常有潮州籍的搬運工人出入，使汕頭街上人來人往，非常熱鬧。

20 世紀初，汕頭街以北的岸邊鋪設電車路，後來逐漸填海，以致灣仔的海岸線不斷推前，莊士敦道的碼頭、汕頭街及廈門街的貨倉不再復見。汕頭街經過百多年來的改變，現在各式各樣的餐廳林立。不變的是，人們依然絡繹不絕，氣氛依舊熱鬧。

↑ 汕頭街

大金龍

　　早在 20 世紀，全香港的麻雀館不下百間，而春園街著名的麻雀館也不少，但是這裏現存的麻雀館只餘下一間，就是大金龍。大金龍最引人入勝的，不是內裏的麻雀聲，而是外面的霓虹招牌。招牌上的金龍以七彩霓虹管製成，作為招徠，色澤講究。大金龍的正門有一雙金龍爭珠的裝飾，外形非常獨特，途人以此識別大金龍的位置，可說是易如反掌。

　　近年，屋宇署清拆不合規格的霓虹招牌，令香港不少富有特色的霓虹招牌漸漸消失。大金龍的霓虹招牌，幾乎是春園街碩果僅存的一員。春園街在霓虹招牌的映照下，見證閃爍璀璨的時光。

← 大金龍的招牌設計獨特，以龍頭及龍身
　作為設計主題，底部以一朵白雲襯托，
　點明這是「麻雀要樂」的地方。

筆之隨想：霓虹燈外牆招牌愈拆愈少，難得大金
龍這麼精緻的招牌能保留至今。霓虹招牌始終
是香港街道特色，不應只能在博物館觀賞。
在這狹窄車多的街道作速寫，宜輕裝上陣，而為了
視線不受車輛阻擋，宜站於路旁繪畫，當然不阻礙
行人也是首要考慮。

愛群理髮

　　春園街有不少舊式小店，不論是食肆，還是其他行業，差不多都能夠在春園街找到身影，愛群理髮店就是其中之一。愛群理髮店在 1962 年開始營業，其中由右至左，白底紅字寫成的「愛群理髮」，位於食肆及花店之間，裏面的鏡子透過太陽的反射，令附近的地方閃閃生輝。

　　斗室之間，一把剃刀，一個盒子，一個電風筒，數張理髮椅，只是簡簡單單的設備，就可以開業。愛群理髮店原本是時代潮流，一直營運至 21 世紀，慢慢累積懷舊氣息。愛群理髮在 2017 年於灣仔的動漫基地（綠屋）開設分店，延續傳統的理髮文化。

↑ 愛群理髮由右至左橫寫的招牌，成為不少香港人的集體回憶。

春園街

如第一章所述，春園街是現代人習非成是的名稱，漸漸抹刹了顛地在灣仔的事蹟。其實，顛地洋行的範圍甚廣，橫跨春園街、汕頭街、廈門街等，而春園街是當日顛地別墅的位置，汕頭街及廈門街就是碼頭及貨倉。然而，顛地在 1853 年去世，

146　Sampan Street (Spring Garden Lane), Hongkong.

顛地洋行也在其後結業，令春園街搖身一變成為「煙花之地」。

自 1857 年起，政府在春園街發牌，牌照屬外國人持有，使娼妓合法化，由春園街開始，擴展至交加街及石水渠街，後來更遍及三板街（Sam Pan Street）、船街、廈門街、汕頭街⋯⋯歪風日盛，惹來一眾外國水手爭先上岸，前往春園街，俗稱「大冧巴」的地方尋花問柳。

「冧巴」是英文「Number」（號碼）的音譯，至於「大」字就是形容「冧巴」的大型字體。時至 1935 年，香港政府禁娼，娼妓風氣漸停，一改春園街的歪風，令「大冧巴」成為歷史。

交加街

　　我們要了解交加街（Cross Street），可以先從英文字義上了解。「Cross」有縱橫交錯的意思，而交加街連接莊士敦道及皇后大道東，又連接春園街與灣仔道，更直達太原街及石水渠街，可說是灣仔的交匯點，所以被稱為「交加街」，絕對是適合不過。

　　1855年，交加街鋪成。早在鴉片戰爭後，身在澳門的南亞人及非洲人，意識到澳門貿易及商業停滯不前，於是紛紛來港求職，並入住交加街、石水渠街等地；其中部份天主教徒在教會的協助下而找到工作。他們找到工作，能重拾信心，也可服務社群，提升不同民族的社會地位。

　　從1950年代開始，交加街的兩旁與上文談及的機利臣街一樣，都有不少排檔，成為其中特色，是灣仔熱鬧市集之一，售賣各式各樣的貨品，例如：玉器、飾物等，可謂一應俱全，大受歡迎。

← 交加街

太原街

香港不少街道都有特別的稱呼,例如:通菜街俗稱為「女人街」,鴨寮街俗稱為「電子街」,都是以售賣的貨品為稱呼,灣仔區也不例外,利東街過去以印刷囍帖聞名,所以被稱為「囍帖街」;太原街則以售賣玩具著名,所以被稱為「玩具街」。

1855 年,太原街鋪建完成,香港政府出售太原街一帶的地皮,興建阿彬彌貨倉,所以當地前稱阿彬彌街(Albany Street)。後來,洋人出售貨倉,政府便將當地改稱太原街。然而,阿彬彌貨倉日久失修,於是政府重建太原街及石水渠街,改建成三、四層樓高的唐樓,令華人開始入住太原街。而太原街附近的麥加力歌街也在 1855 年鋪成,曾在 1861 年興建麥加力歌兵營(McGregor Barracks),以及建造海軍的倉庫。

其後,太原街攤檔越來越多,逐漸變成露天市集,而且在 1990 年代以後,以售賣玩具為主的店鋪與日俱增,更有不少是傳統懷舊玩具,包括部份兒時玩意及聖誕裝飾等,吸引不少香港人不時來緬懷一番,玩得不亦樂乎!每逢特別節日,例如農曆新年及中秋節,玩具街掛滿五光十色的飾物及燈籠,令人目不暇給。

↑ 政府曾將太原街誤稱「太源街」,後來街牌被人剪掉一角,將「源」改成「原」字。究竟是誰協助政府改掉「手民之誤」呢?

太原街 →

瑞祥大廈

位於皇后大道東的瑞祥大廈（Shui Cheung Building），入口在灣仔峽道，1965年落成，原本是灰色外牆，外牆經過翻新後，以橙色的外觀示人，樓高十二層，與明仁大廈一樣，由九樓開始，一級一級到達十二樓頂部。不同的是，瑞祥大廈設計比較長，明仁大廈則比較細，設計雖然略有不同，但是這些特色讓它們都成為 1960 年代唐樓的代表呢！

↓ 瑞祥大廈

慶德樓

　　慶德樓（Hing Tak Building）位
於皇后大道東，即舊灣仔街市的對面，
與旁邊的唐樓一樣，樓高五層，特色
在於與旁邊大廈的顏色各有不同：紅、
黃、橙、綠、青等顏色，使一系列的
大廈猶如一條彩虹，展現在人們眼前。

　　百多年來，灣仔在華人與洋人分
別建設下，成為一個華洋共處，中西
文化交流的地方。上文從街道、地標
及大廈着手，探討一條分佈於灣仔西
的生活線，有不少是我們日常生活的
地方，亦與灣仔居民息息相關。從上
述路線中，我們不難理解灣仔熱鬧的
原因，新舊並存，中西合璧，是為灣
仔的主要特色。

慶德樓（圖中央）　→

灣仔
生活線（二）

⑦ 綠屋（動漫基地／茂蘿街 7 號）

⑥ 青文書屋

軒尼詩道

波斯富街

謝斐道

莊士敦道

巴路士街

六國酒店

三角街

柯布連道

春園街

克街

三板街

太原街

交加里

① 灣仔大樓　② 美華大樓　③ 振安大押　⑤ 中匯大樓
　　　　　　　　　　　　④ 聯泰大廈

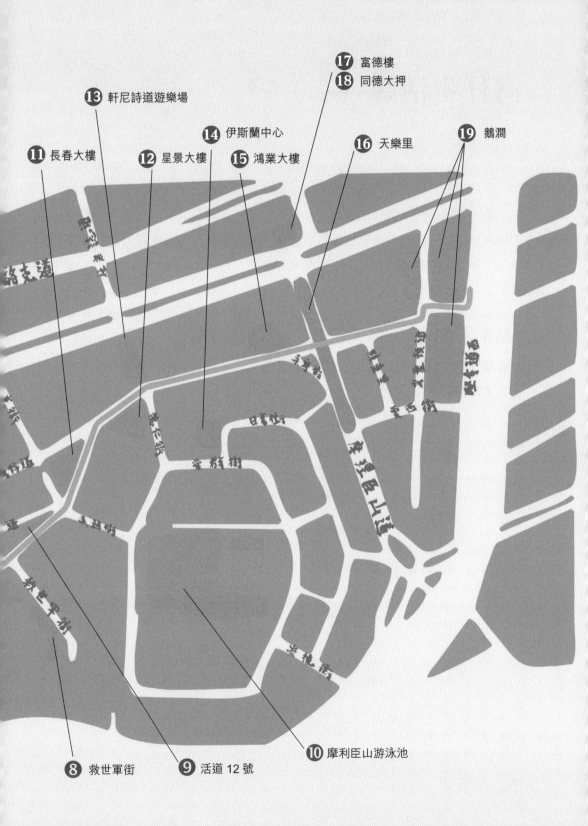

⑰ 富德樓
⑱ 同德大押
⑬ 軒尼詩道遊樂場
⑭ 伊斯蘭中心
⑲ 鵝澗
⑪ 長春大樓
⑫ 星景大樓
⑮ 鴻業大樓
⑯ 天樂里

⑧ 救世軍街
⑨ 活道 12 號
⑩ 摩利臣山游泳池

灣仔生活線（二）

　　雖然灣仔是香港十八區面積最小的地方，但是生活圈範圍廣闊，反映灣仔與眾不同的特色。當我們沿着莊士敦道向東面走，便會發現部份百年歷史的建築物，就像綠屋，充滿古色古香的氣派；也會發現各式各樣的現代主義建築，即是建築物以簡約為主，沒有太多雕飾，具有濃厚的人情味，是為 20世紀中期的建築風格。

　　本章再介紹生活線，我們走到修頓球場附近，發現不少「街角樓」在灣仔出現。「街角樓」曾經在不少地區出現，後來不斷重建，以致「街角樓」越來越少。為了撫今追昔，本章介紹不少富有特色的建築物。時至今日，不少建築物更被列為古蹟呢！

灣仔大樓

　　上文談及灣仔有不少現代主義建築，街角樓（Corner House）就是其中之一，即是位於街道交叉點的大廈，成為香港在 1950 年代的主要建築物。街角樓不是千篇一律，而是各有特色，部份以圓角設計，部份以銳角（少於 90度）設計，線條簡潔。街角樓多出現在一些舊區，包括：灣仔、深水埗、土瓜灣、旺角等，就像旺角的金輪大廈（Kingland Apartment），富有立體感，別具特色。

　　灣仔有不少街角樓，灣仔大樓（Wai Chai Building）就是其中之一。灣仔大樓位於灣仔道與太和街的一座大廈，建於 1959 年，樓高八層，是一座 90度轉角的大廈。我們從遠處眺望，便可看到 90 度轉角的設計，與今時今日的樓宇大有分別。

↑ 灣仔大樓

筆之隨想：坐落於三角街頭的灣仔大樓，驟看如
航空母艦，細看卻充滿生活氣息。繪畫技巧上
以三點透視表達其獨特的氣勢。

美華大廈

　　不少街角樓屬於「綜合用途建築物」，即是商住兩用的樓宇，樓上可用作宗親會、醫館、賓館等，樓下及閣樓都是商舖。為甚麼要興建這些建築物呢？這就要從 1949 年說起。當時，內地爆發國共內戰，大量難民南遷香港，香港人口急增，住屋需求也同時激增；加上次年韓戰爆發，香港政府緊隨英國加入對中國大陸實施禁運的行列，香港經濟受到嚴重影響，但香港政府憑着大量資金及勞動力，銳意發展多元經濟，於是發展商住兩用的大廈，既可增加房屋供應，又可增加商舖，符合市民的需求。

　　除了上文談及的灣仔大樓外，還有美華大廈（Mei Wah Mansion），都是一座街角樓。美華大廈位於莊士敦道及灣仔道，建於 1963 年，樓高十四層，與灣仔大樓不同的是，美華大廈以銳角設計展現人前，立體感豐富，外貌標致。在不同街角樓相比之下，我們就可看見每一座街角樓截然不同的特色。

↑ 美華大廈

振安大押

　　很多人或許將灣仔區大押的焦點，都放在和昌大押身上，其實，同在灣仔區有不同的「典當舖」，例如灣仔道的振安大押。振安大押樓高四層，屬戰前當舖唐樓，具有一定的歷史價值。不少人聚焦在振安大押傳統的綠色鐵窗上，三層綠色鐵窗在陽光的照耀下，格外奪目。還有振安大押的斜屋頂，猶如一個「金」字屋頂，當時使用瓦片、木材等材料所建，是戰前舊樓的一貫特色。

　　當舖從前以整幢自置唐樓作為永久經營之用，後來當舖逐漸清拆，使這種形式的當舖越來越少。現存的當舖唐樓除了灣仔的振安大押外，還有油麻地的德生大押、深水埗的南昌大押等。

↑ 圖右為振安大押，其「金」字屋頂及綠色鐵窗，歷史悠久，是振安大押的建築特色。

聯泰大廈

　　如上所述，灣仔興建不少商住兩用的街角大廈，是為了方便商舖經營而設，於是有不少食肆，開始在灣仔的街角大廈中落腳，成為現時街角樓的一種獨特模式，位於灣仔道的聯泰大廈（Luen Tai Building）就是其中之一。聯泰大廈建於 1965 年，樓高八層，大廈外牆以綠色及黃色相間示人；與灣仔不少樓宇一樣，都在二樓開設商舖，其後食肆遷入，凝聚人流，令聯泰大廈成為不少人所認識的樓宇呢！

中匯大樓

　　20 世紀中葉以後，現代主義建築被批評過於單調，甚至是千篇一律，於是在 20 世紀後期，大廈建築設計逐漸改變成後現代主義，即是建築物具備非人性化的特質，以不同的藝術圖形，豐富現代主義建築的內涵，並以抽象的設計取代舊有設計形式，達到藝術和精神上的需求，是為建築學上的一大革命。

　　如上所說，不少灣仔的街角樓保留着現代主義風格，是灣仔現代主義建築物的象徵，中匯大樓（Chung Wui Mansion）就是其中之一。中匯大樓位於莊士敦道、菲林明道及灣仔道之間，建於 1964 年，樓高十六層，與灣仔大樓一樣，都是圓角的街角樓，不同之處在於中匯大樓以不同顏色裝飾外牆，是為現代主義設計的變奏，別具一格。

↑ 左邊是莊士敦道，右邊是灣仔道，電車旁邊的是交通指揮亭，電車背後就是 1960 年代中的中匯大樓。

← 中匯大樓

筆之隨想：坐落於莊士敦道電車路的三岔口，位置上
已十分矚目，身披鮮艷的衣裳更令「她」成為焦點。
為了表現其豐富特質，於取材上也順理成章地齊集各個
元素，拼湊出完整的中匯大樓。

青文書屋

上文談及灣仔的書店眾多，青文書屋（Evergreen）就是其中之一。一間書店的成立，可從徽號設計一窺其宗旨；回想 1950 年代的友聯出版社及高原出版社，正是其中例子，而青文書屋的英文名字及徽號，象徵一棵幼苗茁壯成長，培育青少年成長，意義深遠。

自 1970 年代起，香港大學學生會及香港中文大學學生會聯合舉辦「青年文學獎」，張楚勇、陳慶源等為核心人物。時至 1981 年，張楚勇等五位股東創辦青文書屋，在莊士敦道與巴路士街（Burrows Street）啟業，成為香港「二樓書店」其中一分子。據了解，從一個文學獎開始，發展成一間書店，可算是香港絕無僅有的例子。

直至 1988 年，羅志華在青文獨挑大樑，為讀者提供折扣優惠，又為學校舉辦書展。回想 1998 年，筆者有幸為學校舉辦的書展選書，於是到訪青文，因而踏上「青文路」：第一個星期在堆積如山的書堆中自由選書；第二個星期取書送往學校，在這個星期內，羅志華先生已經將一本本書籍放進紙皮箱，等候筆者搬到車上。難怪有人說：「羅志華在青文是一人編輯，一人排版，一人印刷，一人裝訂，一人搬運呢！」

事隔二十年，筆者有幸訪問黃駿先生，了解青文的工作。黃駿，青文書屋最後一個店員。筆者曾問及青文的書堆積如山的因由，他指出：「老闆（黃駿對羅志華的稱呼）是很少退書的。」黃駿又提及，當年到訪青文的人，都

☆ 各類書刊，長期七至八折
☆ 歡迎洽辦大專、中學校內書展
☆ 學校、團體訂書，專人運送
☆ 以第一時間為你提供國內、台灣、香港各版書籍

青文圖書

香港灣仔莊士敦道214—216號三樓B座電話：五一八九一六九三二

← 青文書屋在 1980 年代的廣告，反映它提供圖書折扣優惠，又協助學校舉辦書展，完全符合青文標誌培育幼苗的理想。

是文化界的著名人士，如馬家輝、梁文道等，甚至是來自韓國的許世旭及朴宰雨，二人選購了十多本「文化視野叢書」。據黃駿指出，「文化視野叢書」一向放在「豬肉枱」（書店中間的展示枱，用以平放書本），反映青文出版的「文化視野叢書」有一定的地位。

黃駿憶述，直至 2006 年夏天，因為業主加租，青文須在 8 月底前搬往大角咀的貨倉，當時卻尚未支付黃駿的薪金，只能以等價的書籍代替，反映青文財政拮据，而黃駿就取下大部份的「文化視野叢書」代替薪金，想不到這樣便成為了黃駿的珍藏。

青文書屋出版「文化視野叢書」21 冊（1996 至 2001）；葉輝編寫「青文評論」13 冊（2001 至 2006）；羅志華與葉輝、崑南和廖偉棠創辦《詩潮》8 期等，奠定青文在出版界的地位。可是，後來香港經濟不景時，青文書屋經營也受到影響。到了 2006 年 8 月，青文書屋暫停灣仔的業務，羅志華將書籍轉到大角咀合桃街的工廠大廈。

2008 年 2 月 4 日，羅志華在工廠大廈書倉中整理書籍時發生意外，被二十多箱書籍「活埋」──由於時值年廿八，很少人進出工廠大廈，令羅志華失救而死，直至 14 天後始被發現。羅志華英年早逝，而且「因書致死」，令許多文化界朋友和讀者深感惋惜。

↑ 上圖：青文書屋出版的「文化視野叢書」。
下圖：一張青文書屋價錢招紙，羅志華還會再給折扣優惠，這招紙喚起不少文化人的記憶。

綠屋（動漫基地／茂蘿街 7 號）

茂蘿街（Mallory Street）及巴路士街的命名，源自一所美國公司 Messrs Burrows and Sons，其中有一個生產木材的場地，由一個名叫茂蘿（Lawrence Mallory）的人所擁有，所以當地命名為茂蘿街及巴路士街。

1894 年，香港鼠疫爆發，導致超過 2,000 人死亡，80,000 人離開香港。有見及此，香港政府規定新建成的樓宇，不可以高於五層，以免細菌積聚，傳播疾病。於是，石水渠街的藍屋、茂蘿街的綠屋分別只有四層及五層高，其中的樓梯、木製扶手等，都是別具一格，一直保存至今，成為灣仔舊式唐樓的一大特色。

1916 年，綠屋在茂蘿街建成，樓高四層，是十座歷史悠久的唐樓，也是香港少數有懸臂式露台的戰前唐樓，現時是二級歷史建築。2005 年，綠屋經過翻新，髹上綠色，所以稱為「綠屋」。露台的鐵柱、花式鐵欄及木門都是西式建築，傾斜瓦頂由中國杉木支撐，屋內有天井，卻沒有廁所，與戰前唐樓的設計吻合，成為中西合璧的歷史建築。2005 年，市建局以兩億元，保留綠屋露台、欄杆、法式窗戶等建築，而動漫基地的所在，正是當時唐樓共用的廚房及床位，這些都已在保育計劃後消失，而且木樓梯改成實木，失去從前人們上落的腳步聲。

2013 年 7 月 18 日，綠屋命名為「動漫基地」，由香港藝術中心（Hong Kong Arts Centre）經營，成為香港漫畫展覽及交流的文化匯聚地點。在「動漫基地」撤出後，2018 年 8 月起該處改名為「茂蘿街 7 號」，經常有展覽、社區工作坊、表演、電影放映會等各式各樣的藝文活動在此舉行。

← 綠屋（動漫基地／茂蘿街 7 號）

救世軍街

　　灣仔的救世軍街（Salvation Army Street），街名源自香港救世軍建築物，起源於 1865 年的倫敦，倫敦循道會牧師卜維廉 （William Booth），拯救倫敦飢餓及無家可歸的貧民，並於 1878 年組織「救世軍」，宣揚福音。

　　1916 年，救世軍來到北平，並於 1930 年 3 月，接受修頓夫人伍爾夫的邀請，在香港為流浪街頭的婦女及女童設立宿舍，灣仔是其中一個地區。當時，娼妓盛行，灣仔有不少婦女無依無靠，部份婦女從救世軍得到援助，找到安身立命之所，改變她們的一生，所以香港政府決定以「救世軍街」命名，彰顯救世軍的貢獻。

　　第二次世界大戰後，救世軍興辦學校，提供緊急救援服務，關懷弱勢社群。直至現在，救世軍服務遍及包括香港在內全球百多個地區，致力幫助有需要的人，繼續履行塑造生命、關懷社群和造就信徒的重大使命。

↑ 救世軍街

活道 12 號

　　香港開埠以後，灣仔以西有不少貨倉及碼頭，灣仔以東就有不少工廠，活道（Wood Road）就是例子，曾用作工業發展，在活道與灣仔道交界又曾建有 Wan Chai Steam Bakery，但該處現已改變土地用途，改建為住宅。活道的前方是一些街角樓，活道 12 號就是其中之一；後方與不少公共設施相連，成為一個適合休憩的地方。

↑ 活道 12 號

摩利臣山游泳池

摩理臣山（Morrsion Hill）原名飛蛾嶺，後來馬禮遜學堂（Morrison Memorial School）落成，而改稱為「摩理臣山」，以紀念馬禮遜（Robert Morrsion）傳播基督教的事蹟。摩理臣山原是石礦場，北面幾近沿海地帶。1830 年代，馬禮遜教育學院於澳門創辦，在 1843 年遷至摩理臣山，聞名遐邇，其時共有學生 15 人，包括後來極力提倡洋務運動的容閎，成為香港早期的西式教會學校之一，以當時只有數千人的香港而言，學校有 15 位學生，規模的確不少。

可是，1849 年，馬禮遜學堂拒絕與倫敦傳道會合併，加上摩理臣山有不少石礦，使香港政府有意停辦學院。後來，香港政府成立中央書院（皇仁書院的前身），使教會學校失去支持，馬禮遜學堂最終在 1850 年被迫結束營運。

↑ 左邊的山頭，就是 19 世紀的摩利臣山，在山上的建築物就是上文談及的海軍醫院。

↑ 摩利臣山游泳池

直至二次大戰後，礦石被開採淨盡，香港政府便填平摩理臣山，發展成為今日的摩理臣山道（Morrsion Hill Road）。直至現在，香港以「摩理臣山」命名的地方有很多，包括：摩理臣山游泳池（Morrsion Hill Swimming Pool）、摩理臣山道等。至於游泳池位於愛群道（Oi Kwan Road），建於 1972 年，是香港第一個室內公共游泳池，或許不少香港人對這個設施依然記憶猶新呢！

長春大廈

　　位於活道的長春大廈（Cheong Chun Building），建於 1965 年，外形像一個直角三角形，底部面向着灣仔道，鄰邊面向着克街（Heard Street），斜邊面向着活道，而活道與灣仔道的轉角位置則略作改動，以直角示人，而非以銳角展現人前，形成一個四邊形，是為長春大廈的一大特色。

↓ 長春大廈

景星大廈

位於集成中心（C. C. Wu Building）對面的景星大廈（King Sing Mansion），建於 1959 年，在第二次世界大戰前，當地有「小東京」之稱，原因是從 20 世紀初開始，近 1,000 名日本人已移居灣仔，由灣仔西的軍器廠街一直到景星大廈，都有不少日本人的房屋及商舖。

日治時期的皇后大道東稱為「東明治通」，而景星大廈的位置，曾興建日本人的醫院——馬島醫院。直至香港重光後，醫院被香港政府收回管理，改建成景星大廈，直至今天。景星大廈在視覺上好像成一直線，其實是一座弧形的大廈，有一定的建築特色。

↑ 景星大廈（圖右方）

軒尼詩道遊樂場

　　普遍香港人對遊樂場的概念是可以滑滑梯，可以盪鞦韆，可以騎木馬，但是軒尼詩道遊樂場（Hennessy Road Playground）卻與別不同，只有一個籃球場，沒有其他的休憩設施，而且籃球場在高樓大廈的包圍下，又在車水馬龍的軒尼詩道旁邊。它是灣仔修頓球場以外另一個著名籃球場。

軒尼詩道遊樂場 ➡

伊斯蘭中心

回教，或稱伊斯蘭教，創於中東，信奉真主阿拉。回教提倡節葬，墳墓亦一切從簡，沒有裝飾，也沒有亡者遺照，以免違反不拜偶像的規條。香港開埠初期，政府曾聘請一些回教徒來港任職警察，也有回教徒在監獄任職，負責看守犯人，其中包括印度及巴基斯坦籍人士，部份人士更在香港落地生根呢！

1850 年代，香港回教信託基金總會（The

↑ 伊斯蘭中心

Incorporated Trustees of The Islamic Community Fund of Hong Kong）成立，管理中環些利街的清真寺，其後獲香港政府撥地，於 1884 年及 1936 年，分別在彌敦道及赤柱興建清真寺。1870 年，回教徒在灣仔厚德里（Hau Tak Lane）興建回教墳場。直至 1940 年，下葬回教墳場者，超過 1,000 人，最多是華人，其次是印尼人。

1918 年，商人馬子敬及脫文英創辦「中華回教博愛社」（The Chinese Muslim Cultural and Fraternal Association），約有五百多人加入，後來興辦義學，並於 1923 年遷往灣仔陳東里（Chan Tung Lane），成為教導回教徒為主

的學校。灣仔愛群道 40 號的伊斯蘭中心,全名愛群清真寺林士德伊斯蘭中心,又名愛群清真寺,是香港第三間清真寺,在 1967 年落成,並在 1981 年重建。

2012 年,香港的回教徒增至 22 萬,並組成一個個小社區,有些聚居在尖沙咀,有些住在灣仔的愛群道,發揮互助互愛的精神。

鴻業大廈

位於灣仔道的鴻業大廈（Hung Yip Building）建於 1967 年,二樓至九樓貌似一座普普通通的唐樓,但是從十樓開始,一層一層地收窄,直至樓宇頂部,形成一座視覺上像塔形的樓宇,是鴻業大廈的主要特色。

↑ 鴻業大廈

天樂里

　　香港街名被稱為「街」、「道」，通常距離較長，又有一定的知名度，例如：春園街、英皇道等，而被稱為「里」的，通常距離較短，道路較窄，知名度亦較低，但是灣仔的天樂里（Tin Lok Lane）剛剛相反，可說是一條非常寬闊，而且知名度高，更是香港人經常來來往往的街道。

　　天樂里，昔日名叫「觀察角」，又名「天文台道」，都是英文 Observatory 的意譯。1930 年代時，天樂里鄰近海灘，由於附近有不少店舖經營殯儀行業，而且天樂里是棺材陳列室，所以街名叫「天樂里」，反映華人擁有不少土地。日治時期，天樂里曾改稱「青葉峽口」，後來恢復天樂里的稱呼。天樂里一名也沿用至今。

← 此圖是第二次世界大戰前的天
樂里，長生店林立，滿佈花
圈。直至 1959 年，香港政府
開始遷徙上圖街口的三角形榕
樹頭花店，加上殯儀館遷離灣
仔區，使灣仔的殯儀業不再復
見。

富德樓

　　在現今的香港社會，商舖在鬧市的經營成本甚高。要在鬧市中維持一個文藝空間，更是殊不容易，而位於灣仔軒尼詩道的富德樓（Foo Tak Building），就是不少文化人工作的地方。

　　富德樓原本是一座商住式大廈，樓高 14 層，一梯兩伙，設計不算特別。特別之處在於自從 2003 年開始，業主以低於市價的租金，租予文化工作者使用，使富德樓集藝術、文化、文學及書店於一身，聚集約有十多個文化單位，經常有開放予公眾的文藝活動，逐漸成為一個文化重地。

↓ 富德樓（圖中央的燈柱左方）

同德大押

　　同德大押，位於軒尼詩道與馬師道交界，曾被列為三級歷史建築。1930年代，同德大押在填海不久的軒尼詩道落成，是單棟式弧形轉角騎樓的大樓，也是香港島最後消失的一座。其支柱立於行人路旁，是20世紀初廣州民居常見的特色，加上「同德押」三字由右至左寫成，反映早期香港招牌的不同之處。同德大押（近馬師道一方）騎樓設有太陽形鐵枝，是五、六十年代常見的防盜設施。

　　同德大押是香港典當業的重要例證，顯然有一定的歷史文化價值。然而，業主於2013年提出重建計劃，並於2015年8月拆卸，改而興建一座23層高的商業大廈。如果我們要欣賞稀有的單棟式弧形轉角騎樓的建築，就要到九龍區，現時九龍區只餘下四座相同設計的唐樓，所以我們要把握時機了。

↑ 左邊是第二次世界大戰後的同德大押，中間的馬路是馬師道，同德大押與對面三層高的唐樓相映成趣。

同德大押 →

鵝　澗

　　跑馬地附近有一條運河，河水沿着運河，流向維多利亞港。運河形狀又長又窄，又像鵝頸，人們稱為「鵝頸澗」，簡稱「鵝澗」。直至 1860 年代末，「鵝澗」擴建為寶靈頓運河（Bowrington Canal），又稱「寶靈渠」，上面興建一條橫過運河的橋，稱為「寶寧橋」，又稱「鵝頸橋」，而附近一帶則稱為「鵝頸區」。1920 年代，灣仔填海，鵝澗變成下水道（香港人稱為「暗渠」），並拆卸原有的「鵝頸橋」，改建馬路。

　　1960 年代末，紅磡海底隧道（Cross-Harbour Tunnel）準備通車，香港政府興建堅拿道天橋，以解決交通擠塞的情況，並以 Canal 為譯名，亦即運河之意，以紀念鵝澗的演變。現在的鵝頸橋以「打小人」聞名，也是香港「非物質文化遺產」之一，成為灣仔的一大特色。

　　「打小人」是一種巫術，流行於香港及廣東，早在唐朝已經盛行。「打小人」雖說是一年 365 日都可以進行的活動，但是現時主要在農曆驚蟄之日進行，以灣仔鵝頸橋一帶較為流行，據云原因是路邊及橋底煞氣大，有助除去身邊不潔之物，克制小人，藉此對他人宣洩不滿。

　　「打小人」過程需時，首先以香燭供奉神明，分別寫上自己及小人的姓名及時辰八字（小人可以相片代替），再以鞋拍打小人紙，將一塊生豬肉放

← 1920 年代填海前的鵝澗，鵝澗上築橋可供電車行駛，鵝澗現已鋪成馬路及行人路。

↑ 鵝澗

在「白虎」口中，寓意是餵飽老虎，
不再傷害別人，藉此壓制蛇蟲鼠蟻。
繼而撒芝麻，幫助委託人祈福，象徵
消災解困。最後焚燒元寶，供奉鬼神，
代表儀式結束。「打小人」歷史悠久，
在灣仔發揚光大，是為灣仔重要的傳
統習俗，每年農曆驚蟄期間吸引不少
信眾和遊客前來。

打小人的口訣，現已成為香港人琅 →
琅上口的説話，可見傳統習俗與我
們的日常生活息息相關。

↑ 鵝澗

　　從灣仔生活線上，我們可以了解灣仔區內的生活，以及灣仔建築物的特色。灣仔街市、著名街道、特色大廈，以至愛群道的伊斯蘭中心，都是與灣仔民生息息相關，使不同種族人士融入灣仔社區之中，落地生根，成為地地道道的灣仔人。

⑤ 香港會議展覽中心

① 分域碼頭

④ 港灣消防局

② 香港演藝學院

③ 香港藝術中心

中環灣仔繞道

電器道

分域碼頭街

會議道

菲林街

分域街

港灣道

告士打道

謝斐道

⑧ 告士打道花園

駱克道

⑨ 中環廣場

⑦ 六國酒店

⑥ 向東望告士打道行人天橋

灣仔
海岸線

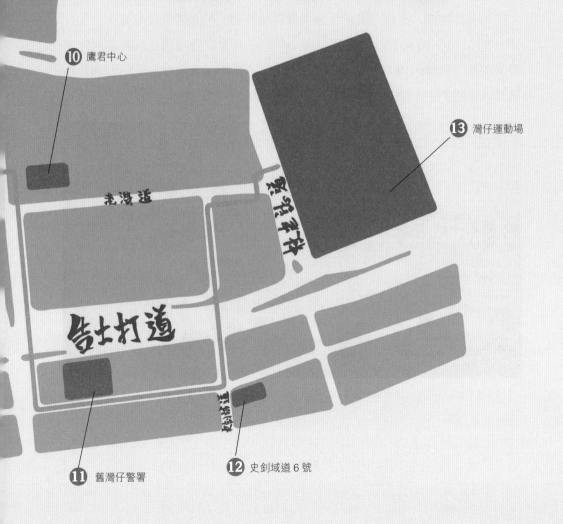

⑩ 鷹君中心

⑬ 灣仔運動場

港灣道

軍器廠街

告士打道

菲林明道

⑪ 舊灣仔警署

⑫ 史剣域道 6 號

灣仔海岸線

隨着香港政府填海工程的延續，使灣仔的碼頭逐漸向北遷移，灣仔海岸線由原先的皇后大道東，遷至今日的會議道一帶，已有一公里之遙。回想1950年代，香港人口激增，超過200萬的香港人提供勞動力。直至1960年代中期，由於中環、金鐘一帶的土地開發開始飽和，於是香港政府開拓告士打道（Gloucester Road）以北地區，數十年間，眾多商業機構及政府部門陸續矗立於此，例如：1986年落成的灣仔政府大樓（Wanchai Tower），1988年落成的香港會議展覽中心第一期等，一再為灣仔帶來新景象。

↑ 1960年代初的告士打道已是灣仔當時的海岸線，附近仍有不少舊式漁船停泊岸邊。

分域碼頭

要認識分域街（Fenwick Street）的名稱，我們便要從一個來自英國的工程師佐治・分域（George Fenwick）説起。1878 年，佐治・分域來港工作，三年後與朋友創辦分域與摩利臣公司（Fenwick and Morrison Engineering Co.），又成立工程師學會（Hong Kong Institute of Engineers）。公司後來被林護建築公司（Lam Woo Construction Co.）收購，林護建築公司在 1912 年鋪設聯發街。當海旁東變成莊士敦道後，政府將其中一條街道命名為分域街，紀念佐治・分域對香港工程界的貢獻。

當分域街鋪成後，政府將附近的碼頭命名為分域碼頭（Fenwick Pier）。分域碼頭建於1949 年，位於灣仔告士打道與杜老誌道（Ton-

↓ 圖為 1950 年代的分域碼頭，建築物背後已是維多利亞港。分域碼頭與今日熙來攘往的碼頭相比較，明顯較為恬靜。

nochy Road）交界，當時的航班只來往灣仔及佐敦道；到了 1956 年，史釗域道碼頭（Stewart Rood Pier）落成，取代舊碼頭，並新增來往九龍城及紅磡的航線。自 1965 年起，灣仔不斷填海，海岸線逐漸北移至會議道（Convention Avenue）一帶，且在 2014 年進行第二期發展工程，拆卸有 46 年歷史的灣仔碼頭，興建中環灣仔繞道，新碼頭又與對岸靠近了一步。

 分域碼頭

香港演藝學院

　　告士打道以北的地方，在 1970 年代時，不少人稱之為「新灣仔」，原因是這些土地都是填海而來的新土地。隨着不少大廈落成，「新灣仔」這個概念隨之而消失。早期建築物的其中一座就是位於告士打道的香港演藝學院（The Hong Kong Academy for Performing Arts）。演藝學院在 1984 年成立，外形呈對角線，是繼現代主義後的新設計，洋溢着新派的建築風格。

　　演藝學院提供學士及碩士課程，培訓表演人才，科目包括舞蹈、戲劇、電影電視、音樂等，兼容中西文化，並設有歌劇院、戲劇院、音樂廳、演奏廳等。自 2007 年開始，在薄扶林道設立伯大尼（Béthanie）古蹟校園，培育有志投身演藝事業的青年，令學生獲益良多。

香港演藝學院內景 →

筆之隨想：年輕時也曾參與話劇演出，當時的
熱情沒有把我推進演藝學院，但眼見身邊同
伴為了夢想而於演藝事業上努力不懈，衷心敬佩。

↑ 香港演藝學院

香港藝術中心

　　在 1960 年代後期，香港藝術界及社會上一些熱心人士，鑑於香港藝術發展嚴重不足，而且只有香港大會堂（Hong Kong City Hall）作為藝術表演及展覽場地，所以要求政府增撥土地，興建一個藝術中心；終在 1972 年獲得政府在告士打道以外的新填海區撥地（即港灣道的位置），並於 1977 年興建香港藝術中心（Hong Kong Arts Centre），從而推廣藝術，舉辦藝術節目及講座，務求與國際社會接軌。七年後，藝術中心成立教育部，創辦一系列的藝術課程。直至 2000 年，香港藝術學院（Hong Kong Art School）成立，頒授學士、碩士等學位，培訓人才。

　　香港藝術中心是香港著名建築師何弢設計，外形以三角幾何呈現，棱角分明，內裏的黃色樓梯盤旋而上，連接各層，是當時一項嶄新設計。1988 年，香港藝術中心成立香港首間藝術電影院，推廣電影創作，令市民大眾認識世界各地的電影。

↑ 香港藝術中心內景

↑ 香港藝術中心（圖中央）

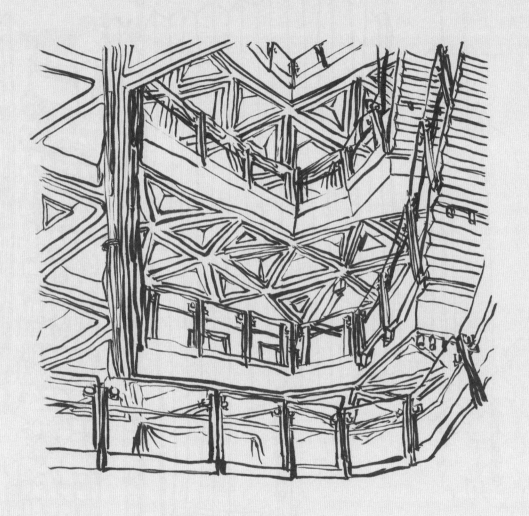

港灣消防局

香港 18 區都有消防局，而位於港灣道（Harbour Road）的消防局，就給人一種與別不同的感覺。消防局在紅色風琴形的閘門上，運用不同字體寫上「消防局」三個字，包括北魏真書等五種字體，凸顯字體的線條，以及香港中文及英文的雙語設計，形成中西合璧的風格，改善香港公營機構一式一樣的設計，以及政府部門刻板的形象。

↑ 港灣消防局

香港會議展覽中心

不少人喜歡乘船渡過維多利亞港，沿途欣賞兩岸景色，遠觀灣仔一方，自然會看見一座外形如飛鳥展翅、翱翔天際，並以落地玻璃建成的建築物，這就是香港會議展覽中心（簡稱「會展」）。

1988 年，會展第一期落成，稱為「舊翼」；1997 年，會展第二期落成，稱為「新翼」，成為今天灣仔的地標之一。會展經常有大大小小不同性質的活動舉行，但最令人難忘者莫過於 1997 年 6 月 30 日英國查理斯王子（Prince Charles）與中國國家主席江澤民出席香港政權交接儀式，以及在 2005 年，在會展舉行的世界貿易組織第六次部長級會議（The Sixth Ministerial Conference of the World Trade Organization），引發韓國農民來港進行大規模示威的事件。

香港貿易發展局在會展舉辦不少一年一度的盛事，香港書展（Hong Kong Book Fair）就是一例。香港書展從 1989 年開始，每年 7 月於會展舉行，從未間斷。每一屆書展都吸引數十萬人次進場，成為一家大小參與的活動，也吸引許多海內外青年、遊客等專程前來購書和參加相關文化活動。今年適逢貿發局舉辦香港書展三十週年，勢必更添熱鬧。

↑ 從維多利亞港遠眺的會展，建設宏偉，成為灣仔的一個著名的觀光地點。

↑ 香港會議展覽中心

↑ 上圖：灣仔碼頭開出的渡海小輪上。下圖：渡輪上觀賞維多利亞港夜景。

筆之隨想：用一程（單程）船的
時間速寫。大家也來試試吧！

告士打道行人天橋

自 1922 年起，海旁東對出一帶開始填海，日後鋪成軒尼詩道及告士打道，成為灣仔新的海岸線。告士打的名稱，是來自英皇佐治五世的三子格洛斯特公爵（Prince Henry William Frederick Albert, Duke of Gloucester），原稱「高士打道」，為免與高士威道混淆，後來改稱「告士打道」。告士打道起初只連接軍器廠街及波斯富街（Percival Street），後來為了配合交通發展，政府決定擴闊告士打道，連接維園道及金鐘，以及交通繁忙的紅磡海底隧道、香港仔隧道（Aberdeen Tunnel）及東區走廊（Island Eastern Corridor），成為香港一個舉足輕重的交通樞紐。

告士打道以北填海前，政府已計劃興建天橋，連貫灣仔南北，於是在 1970 年，告士打道行人天橋（與菲林明道交界）正式啟用，成為一道可供行人及車輛來回的天橋，也是為灣仔北的第一道天橋，其後連接中環廣場、灣仔警署等地，直至今天。

↑ 眺望告士打道行人天橋（圖中遠方）

六國酒店

六國酒店（Gloucester Luk Kwok Hong Kong），前稱「六國飯店」，由同盟會成員陳任國及兒子陳符祥所建，1933 年 10 月 6 日開幕，樓高七層。興建初期是香港島最高的建築物，也是第一間有電梯的建築物，因而遠近馳名。

1941 年，日本襲港，六國飯店被日軍徵用為俱樂部，改稱「千歲館」。盟軍空襲日軍時，炸毀六國飯店右上角，反成為六國飯店的特色。香港重光後，六國飯店曾被英國海軍徵用，次年才恢復營運，持續 40 年，直至 1986年重建，並興建六國中心，於 1989 年啟用，其中的酒店部份改稱「六國酒店」，直至現在，見證香港數十年來的變遷。

↑ 1950 年代的六國飯店。日軍襲港時，炸毀了六國飯店的右上角，反成為當年的外貌特色。

↑ 六國酒店（圖中央）

← 六國酒店

告士打道花園

　　上文談及「告士打」名稱的由來，介紹了告士打道行人天橋，原來香港以「告士打」命名的地方還有不少，其中之一是告士打道花園（Gloucester Road Garden），成為市民休憩的好去處。

　　香港城市發展急速，生活繁忙，令以往市民「逛公園」的心情漸漸消失。不過，由於告士打道花園鄰近入境事務大樓、區域法院等政府部門，令花園每天都有不少人流。在告士打道花園之內，偶有特別活動舉行，例如：灣仔午間美食墟等，令人不禁放慢步伐，享受片刻閒暇。花園中央曾放置香港藝街家的雕塑作品，及設計團體所創作的造型有趣的藝術座椅，使藝術設計融入灣仔社區，市民可在生活節奏急速的當下，藉以舒展身心。

↓ 告士打道花園

中環廣場

　　香港不少大廈及商場與附近地鐵站名稱並不相同，例如：長沙灣廣場不是位於長沙灣，而是位於荔枝角，而中環廣場（Central Plaza）也不是位於中環，而是位於灣仔的港灣道。中環廣場於 1992 年落成，當時是亞洲的最高建築物，也是灣仔的地標。中環廣場樓高 78 層，直至目前為止，是香港第三高的大廈，僅次於環球貿易廣場及國際金融中心。

　　中環廣場由伍振民建築師事務所設計，平面呈三角形，但是三個角位都以鈍角構成，變成一個六角形。每天傍晚六時至翌日清晨六時，中環廣場頂部都有麗光時計（Lightime）顯示時間，璀璨奪目。現在，中環廣場已有行人天橋連接會展、入境事務大樓及莊士敦道，四通八達，非常方便。

← 中環廣場

鷹君中心

　　鷹君中心（Great Eagle Centre），位於港灣道，樓高 33 層，在 1983 年落成，成為灣仔海岸線上其中一座高樓。由於鷹君中心連接行人天橋，連貫灣仔南北，鄰近紅磡海底隧道，來往港九交通方便，所以成為不少國家領事館，包括捷克等國家領事館的落腳點。

← 鷹君中心

舊灣仔警署

　　1970 年代或以前，灣仔警署都是設於岸邊。香港開埠初期的灣仔警署，設於灣仔道與海旁東的交界，在 1868 年落成，稱為「二號差館」，直至 1932 年遷往告士打道及菲林明道交界的舊灣仔警署 （Old Wan Chai Police Station），同樣位於岸邊。

　　舊灣仔警署樓高四層，以流線形設計建成，壁爐、樓梯及門窗都具有 1930 年代的特色，仍然保留至今，成為新古典建築的象徵。當時，香港新建大型樓宇都受到 18 世紀中葉的建築風格所影響，建築物以簡單見稱，舊灣仔警署就是其中之一，現已列為二級歷史建

↓ 1950 年代維多利亞港岸道的舊灣仔警署。

築。舊灣仔警署落成初期，成為集警署、消防車站及宿舍於一身的地方。直至2006年，灣仔區議會通過保留舊灣仔警署，獲得政府當局接納，所以警務處在2010年遷往軍器廠街的新灣仔警署（位於香港警察總部內）後，舊灣仔警署保存下來，直至今天。

↑ 上圖：舊灣仔警署謝斐道入口；下圖：面向告士打道樓面。

史釗域道 6 號

　　位於史釗域道 6 號的轉角唐樓，結合中式長騎樓和西式露台，成為該樓宇獨特之處，距今已有約 90 年的歷史，被列為三級歷史建築。不少人認為這座建築物歷史悠久，而且位於香港島的舊式轉角唐樓幾乎是絕無僅有，香港只餘下六座這種直角轉角唐樓，所以指出古物諮詢委員會低估了其歷史價值，甚至反對評級結果。

　　現時整座樓宇的店舖已經搬遷，內裏空空如也，所以這座轉角唐樓大有可能會被清拆，值得我們加以關注。

↑ 翻新前的史釗域道 6 號

↑ 2018 年，史釗域道 6 號的轉角
唐樓經過翻新後，原本大部份綠
色的外牆，翻新成米白色。

灣仔運動場

灣仔運動場（Wan Chai Sports Ground）位於港灣道，在 1979 年啟用，現已成為一年一度渣打馬拉松、學界田徑比賽的重要場地。不久之前，曾有建議遷拆運動場，作為興建會展第三期的地點，遭到居民、學校及體育界的反對，灣仔區議會也否決建議，反映灣仔運動場現已成為不少人的集體珍愛。

從灣仔的海岸線中，我們可以了解灣仔碼頭由昔日的海旁東遷至分域街，再遷到灣仔碼頭總站以北的位置，亦即在會展附近的位置，足證碼頭一再北移。或許不久將來，九龍與香港兩岸又會再走近一步。

灣仔運動場 ➡

後記：速寫與城市

還記得小時候初次畫畫的心情嗎？

在白紙上填上色彩，多麼自由、隨意，沒有規範、沒有對錯，只知自己喜歡與不喜歡。雖然技術不高，題材可能有點兒亂來，但那種純粹卻一直都令人回味。

隨着年月漸長，技巧成熟了，作品也多了深度，但伴隨而來的生活壓力會否令你喘不過氣，功課或工作壓力又有否把你壓得連畫筆也提不起，以至漸漸連畫畫的熱情也冷卻了呢？直到有一天，靜下來，發現有點兒不對勁，好像忘掉了如何和自己好好相處，也忘掉了怎樣才是心目中的理想生活……或根本從未細心想過。反問自己，一直忙碌究竟又為了甚麼？值得只為麵包而賣掉所有光陰？甘心眼白白地讓時間一點一滴地失去？還是該為自己喜愛的事物付出更多？……於是，開始實踐心中揮之不去的出走旅程。

從畫畫到社區

旅程當中見識過風光旖旎，也認識到人文歷史，每事每物也成為我往後人生的活力泉源，當中感受最深的一定是途中所經歷的真摯友誼。在旅途中，資源並不充裕，但又希望能為友誼作個紀念，便嘗試於朋友們的筆記本上以繪畫留下回憶。當時的技巧十分幼嫩，只是硬着頭皮去完成。

回港後，得知我成長的觀塘區將展開全港最大規模的重建計劃，新的繪畫計劃也由此而生。以前從沒想過自己會坐在路旁寫畫，但旅程上已培養成為習慣。戶外寫生在外國是尋常事，意想不到的是，在香港街頭寫生，途人也不太注意我的存在，可能因為大家都行色匆匆或不太感興趣。我一個人自

得其樂悠閒地寫生，有時一坐便是三、四小時，完成不了便會改天再戰。

那時先用鉛筆起稿，落筆前細心觀察眼前景象的每個細節，再嘗試用適當的輕重筆觸去處理，每一筆都盡量與眼前景象接近，練習手眼協調，也練習空間透視。於街角上完成鉛筆稿，回家再以代針筆臨摹。所以每幅畫作也會重複畫兩次，時間也差不多是雙倍。

有一天一個念頭閃過：要畫的題材太多，但又消失得太快，何不加快自己的作畫速度，以畫一張的時間畫兩張？於是嘗試不起稿而直接以代針筆繪畫。慢慢掌握了技巧，速度也的確快了不少。

其間結識到觀塘區重建關注組織「活在觀塘」。①那時我正尋找作畫地點，遊走至仁愛圍而發現了國際鴿舍。②當時鴿舍貼滿標語，都是關於拆遷、留守、合理安置……等內容，我也不以為意。直到有位年輕人過來搭訕，傾談之下了解到事情始末，亦了解到觀塘重建的發展情況。我們一拍即合，相約一起做街頭展覽。雖說是展覽，其實形式與嘉年華會較接近，當中有導賞、義賣、食物招待、講者分享等活動，而空置店舖的鐵閘與牆上則貼上街坊及老店店主的訪問，我的畫作（複印放大）亦展示在旁。

這模式的觀塘街頭展覽做了三次，而印象最深刻的是於物華街臨時小販市場舉辦的「重見‧觀塘——城市寫生作品展」，當時正處於物華街臨時小販市場的搬遷風波。③市場內四通八達的通道正好用作展示空間，而且也利用了現場高矮不一的木梯作陳列裝置，擺放出原畫作品，效果也十分配合現場

環境。可惜因為市建局需要將市場圍封，展期結果只有一天，但這回憶也已在腦海中留下。

從觀察到參與

後來我認識到香港更多不同的地區組織，亦參與過其他社區有關重建及城市發展的活動：深水埗、土瓜灣、中上環、長沙灣⋯⋯等區都有涉足。這些大眾心目中的老舊社區，在我眼中卻是充滿樂趣，不單建築充滿生活痕跡，而且鄰舍關係也特別深厚。穿街過巷，不難遇到驚喜小店；驚喜在於其行業有趣，亦因為店主的獨特風格而令店舖格外吸引，這種種都是親身探索才會發現的獨有體驗。

除了地區組織外，途中也結識到不少志同道合的好畫友、好夥伴。獨樂樂，不如眾樂樂，大夥兒一起去寫生別有樂趣。

單獨寫生，可專注與地區或建築物交流，當然並不是語言上的溝通，而是細心觀察繪畫的對象。例如一棟大廈，它的每一分、每一寸、每一條裂痕、每一扇窗戶⋯⋯由觀察到的細節去想像大廈的種種：住客的生活習慣如何改變了大廈的外觀？它經歷了多少歲月而添上了眼前的風霜？每個痕跡也有故事，只是大家可有在意？就像是與一個充滿故事的人聊天，這樣悄悄地製造了只屬於你與她的獨有回憶。過程中不時也有街坊介入，於是便聽到更多社區的秘聞軼事，也是一樂。所以速寫往往變成與社區溝通的橋樑，又可為地區製造更多獨有回憶，不管效果是好是壞，始終也是令人難忘的回憶。

大夥兒寫生又怎樣呢？當然你可選擇與畫友邊畫邊談天說地，或是散落同區而分別寫生，在完成後與其他畫友互相分享和交流。若單獨寫生是感性的，那麼大夥兒寫生便會較為理性了。

由推動到融合

　　「畫下嘢」（WaHaYeah Sketch Group）成立於 2016 年底，是我和友人合作創立以社交網絡作平台的網上寫生團體。顧名思義，就是以畫筆記下一些東西或事情。我們認為以畫畫作為興趣，應該放下壓力、抱着輕鬆心情去享受，所以團體也選用較輕鬆的名字。

　　我們以推動城市速寫作本位，除了舉辦免費公眾寫生活動外，亦不時與地區組織合作，於活動中安排社區導賞，希望大家能透過寫生活動而更認識社區；並與社福機構合辦活動，希望藉着畫畫，增加畫友與街坊的溝通及交流，擴大彼此的社交圈子，認識更多新朋友。

　　歡迎你加入速寫的行列！

彭　啤

註釋：

① 　「活在觀塘」為網上自發的重建關注組織，致力關注重建對社區所產生的問題，亦會不定期主辦社區導賞活動向市民介紹有關觀塘區的社區特色。

② 　原位於觀塘仁信里，有三十多年歷史、全港唯一的賽鴿店「國際鴿舍」，受觀塘市中心重建項目影響而遷出。

③ 　因同仁街新市集的工程延誤，導致市建局由原定承諾將物華街臨時小販市場內的小販檔無縫交接遷移到新市集，但最終無法實現，更辯稱無縫交接只是概念，119 檔小販中只有唯一一檔檔主肥妹堅持留守，要求等到新市集可以運作，才搬過去繼續經營，希望市建局能履行無縫交接的承諾。

附錄
灣仔人物誌

柴宇瀚

馬禮遜

馬禮遜（Robert Morrison，1782 年 1 月 5
日—1834 年 8 月 1 日），蘇格蘭傳教士。1807
年，馬禮遜被倫敦傳道會派遣來華，前往廣州，
學習中文，期望將西方的天文及醫學知識傳到
中國，其間翻譯《聖經》，傳播福音，其譯作
成為中國早期的翻譯書籍。可是，中國無法自
由傳教，於是馬禮遜在東印度公司擔任高級翻
譯員，編撰《華英字典》；又曾在 1818 年到馬
六甲，創辦英華書院，作育英才，使英華書院
後來扎根香港。後來，馬禮遜前往澳門，出版
中文報刊《雜聞篇》；不久在澳門逝世，葬於
澳門舊基督教墳場，碑銘以中文寫成，情況罕
見。

1835 年，馬禮遜基金會在廣州成立，四年
後在澳門創辦馬禮遜學堂，學校在 1842 年遷至
今日的摩利臣山，教育容閎、黃寬等知識分子，
使容閎在洋務運動擔當重要角色，黃寬更成為
第一個在海外取得醫學學位的華人。馬禮遜學
堂直到 1849 年結束，馬禮遜基金會也在 1869
年解散。灣仔的摩利臣山道及摩利臣山游泳池、
上環的摩利臣街（Morrison Street），以至香港
大學的馬禮遜堂（Morrison Hall），都是為紀
念馬禮遜的重大貢獻而命名。

顛 地

顛地（Lancelot Dent，1799 年 —1853 年
11 月 18 日），英國人，起初是一個販賣鴉片、
茶葉及絲綢的商人。他將上述貨品運至廣州出
售，賺取利潤，後來在廣州開設寶順洋行，又
稱顛地洋行。其後，清廷明令禁煙，引發林則
徐禁煙一事，顛地明言反對，但最後都繳煙了
事，又被林則徐驅逐出境，令顛地損失慘重，
所以向英國外交大臣巴麥尊主張對清廷動武，
引發鴉片戰爭。

英國打敗清廷，管治香港後，旋即拍賣
土地；其間顛地購入灣仔廈門街、汕頭街、春
園街等地方，並將沿岸改作碼頭及貨倉，以及
興建泉水花園，方便工作與休息。顛地與港督
文咸私交甚篤，二人經常往來，所以寶順洋行
能夠在灣仔發展，與此不無關係。然而，到了
1850 年，全球經濟不景，導致顛地破產，終於
黯然返回英國，三年後鬱鬱而終，寶順洋行亦
於 1867 年結業。現在的春園街一帶，標誌着
寶順洋行昔日風光的一面。

寶靈爵士

寶靈爵士（Sir John Bowring，1792 年 10
月 17 日—1872 年 11 月 23 日），英國人，曾
在荷蘭格羅寧根大學獲取法學博士學位，後來
在選舉勝出，擔任下議院議員。到了 1849 年，
寶靈接受巴麥尊的邀請，前往廣州，擔任英國
駐中國的領事，兼任英國在中國的商務總監，
四年後返回英國。直至 1854 年 4 月，寶靈擔
任第四任港督，兼任對華全權代表及商務監
督，職責重大。

寶靈就任港督期間，希望發展灣仔東部沿
海的經濟，設立碼頭及廠房，振興輕工業，於
是以興建「寶靈城」作為目標，也作為發展「維
多利亞城」的藍圖，希望使中環至灣仔一帶發
展成為香港政治及經濟的樞紐，但卻受到英國
商人以利益受損為由，加以反對，以致「寶靈
城」的構想落空，最後寶靈在 1859 年任滿，
回國退休。

修頓爵士

修頓爵士（Sir Wilfrid Thomas Southorn，
1879年8月4日—1957年3月15日），英國人，
曾在錫蘭殖民地政府任職，1926年來港擔任輔
政司；其間為 ZBW 電台啟播一事不遺餘力，
電台在 1929年10月8日正式啟播，成為香港
電台的前身。

1921年，修頓迎娶伍爾夫（Bella Sidney
Woolf，1877年—1960年）。修頓夫婦來港後，
熱心公益，深得民心，尤其是在康樂設施方面，
爭取灣仔用地，興建球場，成為今日的修頓球
場。1936年3月，修頓卸任，前往甘比亞擔任
總督，兩年後受勳；直至1946年退休，返回
英國。退休後積極推廣地方史研究，尤其是英
國華威郡的歷史，可見修頓在歷史研究方面，
建樹良多。

軒尼詩爵士

軒尼詩爵士（Sir John Pope Hennessy，1834 年 4 月 5 日—1891 年 10 月 7 日），第八任港督，在愛爾蘭女王大學獲得醫學學士學位，不久棄醫從政，修讀法律，當選國會議員，致力改革教育制度。1867 年後，軒尼詩曾擔任納閩、西非等殖民地的總督，從政經驗豐富。

1877 年 4 月 2 日，軒尼詩擔任第八任港督，銳意提升華人的地位，廢除禁止華人購買中環土地的法例，又准許華人歸化英籍，更委任伍廷芳擔任定例局議員（後稱立法局或立法會），使伍廷芳成為定例局第一位華人議員。軒尼詩任內籌組保良局，照顧弱勢社群，以致被英國商人批評他過於寬待華人。1882 年離任，後來前往毛里西斯擔任總督，並於 1889 年退休。自 1930 年代起，香港以「軒尼詩」命名的地方有軒尼詩道，以及 1949 年成立的軒尼詩道官立小學，藉此紀念軒尼詩的功績。

律敦治家族

　　律敦治（Hormusjee Ruttonjee，1860 年 6
月 22 日—1944 年 6 月 20 日），印度孟買出生，
信奉波斯教。1884 年抵達香港，做買賣洋酒的
生意；三年後創辦律敦治洋行（H. Ruttonjee &
Son），逐漸成為印度人的首領；他在 1913 年
退休。

　　J. H. 律敦治（Jehagir Hormusjee Rutton-
jee，1880 年 10 月 30 日—1960 年 2 月 10 日）
是律敦治的兒子，1913 年接手家族生意，購入
中環、尖沙咀、深井等不少土地，開始經營地
產及啤酒生意；曾協助抗日的糧食運輸工作，
與兒子鄧律敦治（Dhunjisha Jehangir Rutton-
jee，1903 年 7 月 10 日—1974 年 7 月 28 日）
被捕入獄。香港重光後，J. H. 律敦治因女兒蒂
美律敦治（Tehmi Ruttonjee，1907 年—1944 年）
患肺結核逝世，所以在 1948 年創辦香港防癆
會，次年創辦律敦治療養院（律敦治醫院的前
身），防止肺結核的蔓延。逝世後由兒子鄧律
敦治管理家族業務。

　　鄧律敦治繼承家族生意後，協助家族生意
上市。他除了捐出善款，又為繼承父親遺願，
積極推動防癆工作。曾任市政局及立法局議
員，批評時政，尤以公立醫院服務不足為要；
他主張改革政制，加速公務員本地化，因而成

↑ J. H. 律敦治

↑ 鄧律敦治

為政界及商界有名望的人，所以分別在 1957 年及 1964 年，獲頒贈 OBE 勳銜及 CBE 勳銜。1968 年，鄧律敦治卸任立法局議員後，仍然熱心公益，直至逝世。

鄧肇堅

鄧肇堅（1901 年 3 月 21 日—1986 年 6 月
19 日），在香港土生土長，曾入讀皇仁書院
（Queen's College）及聖士提反書院（St. Ste-
phen's College）。1919 年，鄧肇堅為了協助
父親管理鄧天福銀號而輟學，同年任香港中華
總商會會董，進入商界，表現稱職。1924 年，
鄧肇堅擔任東華醫院總理，四年後更成為最年
輕的東華醫院主席。1927 年，鄧肇堅當選保良
局總理，五年後擔任保良局主席，希望「取諸
香港，用諸香港」，成為香港熱心公益的代表
人物。1929 年，鄧肇堅擔任非官守太平紳士，
五年後獲 MBE 勳銜，功績卓著。

1932 年，鄧肇堅與雷瑞德合作，收購啟德
巴士公司；翌年又與雷亮、譚煥堂等人成立九
龍汽車有限公司（簡稱九巴），出任董事局主
席兼車務總監督。1937 年以後，鄧肇堅結束鄧
天福銀號；曾擔任市政局議員，日治時期擔任
華民各界協議會委員。直至 1981 年，鄧肇堅
改任九巴名譽執行董事，直至逝世。鄧肇堅一
生樂善好施，所以灣仔的肇堅里、鄧肇堅醫院、
鄧肇堅中學及鄧肇堅維多利亞官立中學，都以
鄧肇堅命名，紀念鄧肇堅對香港的貢獻。

www.cosmosbooks.com.hk

書　　名	灣仔畫當年
作　　者	柴宇瀚　彭啤
繪　　圖	彭啤
責任編輯	林苑鶯
封面設計	楊曉林
美術編輯	楊曉林
出　　版	天地圖書有限公司
	香港皇后大道東109-115號
	智群商業中心15字樓（總寫字樓）
	電話：2528 3671　傳真：2865 2609
	香港灣仔莊士敦道30號地庫 / 1樓（門市部）
	電話：2865 0708　傳真：2861 1541
印　　刷	美雅印刷製本有限公司
	香港九龍觀塘榮業街 6 號海濱工業大廈4字樓A室
	電話：2342 0109　傳真：2790 3614
發　　行	香港聯合書刊物流有限公司
	香港新界大埔汀麗路36號中華商務印刷大廈3字樓
	電話：2150 2100　傳真：2407 3062
出版日期	2019年9月 / 初版